U0110478

古代歷史文化研究輯刊

二十編

王明蓀 主編

第1冊

《二十編》總目

編輯部編

狄宛第二期闕爟與營窟考見星曆進益
——狄宛聖賢功業祖述之二（第一冊）

周興生 著

國家圖書館出版品預行編目資料

狄宛第二期闕燿與營窟考見星曆進益——狄宛聖賢功業祖述
之二（第一冊）／周興生 著 — 初版 — 新北市：花木蘭文化
事業有限公司，2018〔民 107〕
目 50+160 面；19×26 公分
（古代歷史文化研究輯刊 二十編；第 1 冊）
ISBN 978-986-485-533-9（精裝）
1. 天文學 2. 中國
618   107011984

ISBN- 978-986-485-533-9

古代歷史文化研究輯刊
二十編 第一冊   ISBN：978-986-485-533-9

狄宛第二期闕燿與營窟考見星曆進益
——狄宛聖賢功業祖述之二（第一冊）

作　　者　周興生
主　　編　王明蓀
總 編 輯　杜潔祥
副總編輯　楊嘉樂
編　　輯　許郁翎、王筑　美術編輯　陳逸婷
出　　版　花木蘭文化事業有限公司
發 行 人　高小娟
聯絡地址　235 新北市中和區中安街七二號十三樓
　　　　　電話：02-2923-1455／傳真：02-2923-1452
網　　址　http://www.huamulan.tw 信箱 hml810518@gmail.com
印　　刷　普羅文化出版廣告事業
初　　版　2018 年 9 月
全書字數　514018 字
定　　價　二十編 25 冊（精裝）台幣 66,000 元

版權所有·請勿翻印

《二十編》總目

編輯部　編

《古代歷史文化研究輯刊》二十編　書目

《古代歷史文化研究輯刊》二十編
各書作者簡介·提要·目錄

第一、二、三、四冊　狄宛第二期闞爟與營窟考見星曆進益——狄宛聖賢功業祖述之二

作者簡介

周興生，男，生於 1962 年，陝西長安杜陵人。自號杜周生，別號壺覆子。西北政法大學副教授、德國漢諾威大學（Universitaet Hannover）法學博士、碩士研究生導師。

研究旨趣：星曆文明與紀度起源、信仰源流、種系及世系起源、《易》源流、法律起源及法哲學比較、孔墨名教治知、中西韻源與星曆關聯。

十餘年來不改學術方向。基於求學閱歷與問讀積累，漸近融會知識起源深層關聯。多題域關聯檢討旨在建造會通中西學術津梁。諸檢論盡圖立基建堂，以爲史考與人類大同進益之階。

提　要

取前著題域之餘，琢磨舊記答問，行自設度當日進益算術，定朱絲曲直以顯官跡，交垂線而地平與黃道協所系等，得見祝巫合朔清算日全食輪返、爟闕曆、體爟闕及與體爟闕正節令、營窟結構日心星曆及葬闕星曆志地日耦動致時變。

從星曆術檢討之途，察狄宛七星紀事，旁見祝巫世系一脈起於有巢氏，降及庖犧氏。恃雍覆曆援考顯同段曆異段曆進益及毌期曆進益。烏韻、安韻等韻考揭示，狄宛祝巫烏雚行止查看導其爟事造器正曆。它域文明記述檢見古代中亞、印度、西亞、拉丁 愛琴海文明諸域俱以烏韻述熱，東西方古韻表意與基之題初見。

星曆考顯示，中國遠古文明貴在星曆進益、中國王官之學貴在星曆學、前五帝時代有巢氏降及庖犧氏乃考古天文能證時代、中國營造寄託星曆進益史發達、五帝紀乃天官紀之脈緒、而星占術之源非狄宛第二期莫屬。諸考使各地仰韶時代遺跡星曆檢獲得固築基臺。

聖賢功業已考者略要：

開地益程曆闕而精算日全食輪返、爟火正曆以造爟闕、與爟闕及體爟闕、興爟火紀正仲夏至以革大火星紀、直日黃經所變顯星曆度、更底開近方面而調諸向程、樞戶軸線見日星所與軌變、匹爟闕司景臺圜底坑及泥臺直弧邊界、黜柱工洞以渾天星宿所動之底。

依鬼宿爟宿莽宿正夏至、爟宿配張宿志夏至、異地同照同曆、仲秋日旦在角昏後過氐及房、昏後水星合金星近亢宿與歲星掩火星、參宿大火星孟春協時、回歸年 4 年驗歲星軌變行 120 度、哈雷彗星北斗七星金星水星火星土星昏時并見、歲星行 90 度紀年與水星行半週天、星行 30 度當時辰及水星金星合日、回歸年 3 年照歲星所變 90 度暨巨人跡、季冬迄孟春檢北斗文昌內階、秋分前 5 日晨天王星衝日、處暑晨刻水星凌日、金星曆度與比地曆象、天赤道日心水星上下合地軌、立秋參隱、霜降昏時水星上合、冬至日金星凌日、日環行黃道滿度與赤經圈俯視及回歸年照歲星、水星金星火星信期并見、熒惑冬至逆行鬼宿參照木星。

又檢得設爟宿入張宿乃爟闕入營窟思向之源、依日所黃經度變及日射線益程見營窟底開圓而方漸變。瓦宥坐間葬器考揭示黃道赤道耦動限於赤道南北 23.5 度許。同期姜寨葬闕考揭示，市事及圭察日影事本狄宛。星曆考揭示，仰韶時代中國地中所不在濮陽，而在狄宛斷崖內軸線原點、史傳「不周山」即此地、營窟 F709 熒惑冬至逆行鬼宿事考有助於破除熒惑占迷信。

營窟 F229 卅期曆援於第四期曆闕 H236 測算揭示，歲星信期合回歸年 11.9 年。此重大曆算進益本乎第二期第 I 段星曆。第一期以降星曆學孕育第二期彩陶畫。中國天文史學新增素材若干。

目　次
第一冊
第一卷　曆闕與壕溝曆志與曆援

第五、六冊　先秦文獻中的「古帝」傳說研究──「託古」範式下的諸子政治思想演變

作者簡介

　　孔祥來（1978 年～），男，山東曹縣人，現任浙江科技學院經濟與管理學院講師。浙江大學歷史學博士，主要研究先秦儒學、先秦思想史。曾發表學術論文《民國初年的省制改革》、《田齊「高祖黃帝」考論》、《先秦文獻中的「五帝說」說新考》、《孔子「祖述堯舜」探微》等，參加點校《越絕書》、《和靖尹先生文集》，主編《杜維明思想學術文選》，擔任 2017 年「中國社會科學詞條庫（經濟學）」項目中國經濟思想史分支撰稿人編撰「中國古代功利思想」、「義利論」等詞條。近兩年正主持課題「戰國治道演變的思想史研究」和「《尚書》詮釋的漢宋之變──孔傳與蔡傳的比較研究」。

提　要

　　長期以來，學術界多致力於考辨先秦文獻中「古帝」傳說的真偽，以探求遠古的史影，而事實上先秦學者依託附會「古帝」傳說主要在於闡發自己的政治思想主張，所以那些「古帝」傳說的政治思想內涵才是它們最寶貴的價值。研究先秦文獻中「古帝」傳說的政治思想意涵及其演變，是一個新的課題。

　　筆者根據對目前可見之傳世與出土先秦文獻的全面考察，發現黃帝、顓頊、帝嚳、堯、舜組成的「五帝」系統在先秦文獻中有著廣泛的共識性，其中又以黃帝、堯、舜傳說有著更為深刻的影響，而常常為先秦學者稱述依託以闡發思想治道。所以，本文最終確定黃帝、堯、舜的傳說為研究的具體對象。

　　春秋之末，禮崩樂壞，孔子「憲章文武」欲再造「東周」而不遇於諸侯，乃更於「道」的層面「祖述堯舜」。孔子「祖述堯舜」就是要傳承堯舜相授受

的那個「允執其中」之道，這個「道」須在脩身齊家治國平天下中去實踐。堯舜身脩家齊國治，平天下惟在於「知人」「安民」，「知人」亦所以「安民」。經孔子的表彰，堯舜「政治」成爲儒家王道政治的最高典範，戰國諸子或臧或否，鮮有不稱述以資議論者。

到了戰國前中期之際，三晉與田齊既篡，進而又有諸侯稱王，爭霸爭王的戰爭更爲激烈。一些學者目諸侯養賢以資征伐的亂局，尋求改良現實政治而有堯舜「禪讓」傳說之鼓吹，還出現了「禪讓說」的理論闡釋，設想天下國家傳賢以致政治清明。只是戰國之世畢竟已不具備「禪讓」政治的條件，僅有的禪讓實踐導致了慘烈的後果，引起政治上的警惕和學術上的批判，「禪讓說」消沉下去，惟於一些學者的記憶中保留著一絲憧憬。

戰國中期之際，齊威王即位之初即立下「嗣桓文，高祖黃帝」的國策，欲以征伐霸諸侯王天下。黃帝傳說因而興起，儘管稷下學者囿於田齊的明確目標未對黃帝傳說有太多的發揮，但戰國後期的學者越來越多地依託附會黃帝傳說闡發治道，卻遠遠超出了田齊「高祖」的旨意，漸形成了所謂的「黃帝之學」。「黃帝之學」以「無爲」爲旨歸而雜合諸子百家，闡發「帝道」的思想，欲爲將要形成的帝業提供思想上的指導。

由孔子「祖述堯舜」到一些學者鼓吹堯舜「禪讓」，再到「黃帝之學」的出現，重要的不是它們之間存在著思想理路上的內在邏輯，而在於它們皆蘊含著不同歷史時期的學者改良現實政治的努力與理想，反映著春秋以至戰國時期諸侯由爭霸而爭王而爭帝的政治發展。

目　次

上　冊

凡例

第七冊　家族遷徙與地域社會：魏晉南北朝關中郡姓研究

作者簡介

宋豔梅：女，1980 年生，山西高平人，現為常熟理工學院副教授。2002

年本科畢業於山西大學，獲歷史學學士學位，同年保送攻讀本校碩士研究生，2005 年獲山西大學歷史學碩士學位，2008 年獲南京大學歷史學博士學位。研究方向爲魏晉南北朝史。曾先後在《內蒙古社會科學》、《蘭州學刊》、《山西檔案》、《南京曉莊學院學報》等學術刊物發表論文十餘篇，參與合著《中國國號的故事》一部。獨立承擔教育部課題一項，省廳課題二項。

提　要

　　拙著將關中郡姓的研究上溯至魏晉南北朝時期，詳細梳理了京兆韋氏、河東裴氏、河東柳氏、河東薛氏、弘農楊氏、京兆杜氏六大家族的遷徙過程，考察他們在南北東西各個政權和不同寓居地域的興衰發展，綜合分析家族發展與地域社會的密切關係。書稿共約八章，第一、二章總體揭示關中郡姓內涵、探究關中郡姓所繫六大家族士族地位的形成。第三章至第七章以家族遷徙爲線索，詳細梳理每個家族的遷徙過程和興衰發展。第八章則在個案考察的基礎上綜合分析遷徙對家族發展及地域社會的影響，討論家族發展與地域社會的密切關係。

　　拙著以社會學、歷史地理學的研究視角與方法深入到魏晉南北朝家族史研究中，將生存空間納入家族史研究視野。以家族個案遷徙過程爲基礎，以遷出地、遷入地作爲兩大地域維度，通過分析不同地域背景下的家族興衰成敗，探尋地域社會對家族發展的影響；比較移居他鄉的家族與留居原地的家族或房支在不同的地域社會環境所呈現的不同發展模式；考察不斷遷徙的家族在遷出地與遷入地的社會文化溝通、融合方面所起的作用。

　　該研究不僅有助於深入認識魏晉南北朝家族發展與社會變遷之間的互動關係，而且可以推動不同地區家族房支之間共相與殊相的比較研究，克服目前個案研究林立而不能很好地進行不同區域家族比較研究的困境，進而逐漸走出現在家族史研究中的程序化之弊。

目　次

第八冊 元代官營工商業法律制度研究

作者簡介

綦保國，男，1974 年出生，湖南衡陽人。法律史博士，畢業於西南政法
大學，師從於著名法史學家曾代偉先生。現在聊城大學法學院任教，主講外
國法制史、外國法律思想史、中國傳統法律文化、經濟學導論、法律經濟學
等課程。曾從事人民警察、執業律師等職，有豐富的法律職業實踐基礎和辦
案經驗。學術研究方向：法律史、法律經濟學。參加國家社會科學基金課題
一項，公開發表學術論文 20 餘篇。

提 要

中國古代官營工商業法律制度有著深厚的歷史文化底蘊。它起源於西周的
「工商食官」之制，經秦漢，歷唐宋，制度歷備，內容代豐，可謂一脈相承。
然而，其歷史功過、價值利弊，自古也是人們爭議的焦點。言利而害義，富國
而傷民，溢上而損下，官營工商業法律制度因此累遭世人詬病。本文以元代官
營工商業法律制度作為標本，對其立法背景、規制內容、運行狀況、社會效果
等方面作了比較系統的考析和論述。通過這些考析和論述，可以看出：

元代官營工商業法律制度基本上沿襲了唐、宋舊制。官府直接經營管理
大量工商業經濟，其主要目的仍然是為皇室貴族和各級政府提供各種消費品

和奢侈品，爲國家財政節約貨幣開支並獲得大量利稅收入。然而，由於其獨特的政治、經濟及民族文化背景，就官營工商業法律制度的價值意義而言，元代的官營工商業法律制度挫長揚短，將官營工商業法律制度的百般弊病暴露無遺。究其具體原因，既有法律運行的政治、法治環境的原因，也有其制度本身缺陷的原因。

元代的官營工商業法律制度，在恢復和促進元初的國民經濟發展過程中發揮過重要作用，但由於官營工商業發展成果被少數蒙古權貴攫取，廣大中原民眾淪爲官營工商業法律制度的受害者，被無情地剝削和壓榨，最終導致官貪民窮，民窮則國也不富，國民經濟陷入民不聊生，經濟崩壞的境地。這種歷史教訓值得人們認真總結和反思，任何一個國家和民族都是背負著過去走向未來的，過去與現在不僅不可割裂，還能共同構築一個美好的未來！

目　次

第九冊　清季知識女性「女性觀」之研究

作者簡介

　　馮慧心，香港人，香港中文大學中文系文學士、哲學碩士，北京師範大學歷史學博士，現爲香港恒生管理學院中文系講師。研究專業包括中國古典詩詞、古典女性文學、中國女性歷史及性別研究等。其碩士論文以明末清初女性詞選《眾香詞》爲題，自此展開對傳統中國女性文學及女性歷史的研究，至博士階段則嘗試考察女性文學與女性歷史之關係，並以傳統女性文學的素材，補充女性歷史資料散佚之缺失，帶出現代社會轉型下，傳統女性觀的承傳與革新。

提　要

　　本文以清季知識女性爲研究對象，分析其「女性觀」的演進。「知識女性」爲清季出現的新興群體，其身份角色多樣，包括女文人、革命家、教育家、報人及醫護人員等。她們出身於傳統的書香門第，接受傳統的閨秀教育，其後受到西方思潮的洗禮，再加上留學的影響，使她們的思想有別於傳統的「閨秀才女」，可說是帶有現代思想的「新女性」。她們身處清末民初的歷史轉折，有機會掙脫傳統相夫教子的閨閣局限，得以涉足公共領域，開展個人的事業，更積極參與政治及社會事務，推動女性權益，其「女性觀」可謂對後世影響深遠。

　　清季知識女性身處社會文化的轉型階段，故論者多將討論焦點放在其如何接受新文化、新思潮之上，並將她們簡單界定爲「新女性」。此外，不少論者亦將清季以前的「傳統閨秀」及民國以後的現代「新女性」截然二分，以爲兩者的「女性觀」呈現割裂、對立的關係。因此，歷來的研究多著眼於這群知識女性對民初女性解放運動的影響，而較少分析其傳統文化的思想淵源。筆者以爲，這群處身於新舊時代交替的知識女性，她們的「女性觀」當然有「啓後」的影響與貢獻，但亦不應忽略其「承前」的思想淵源。

　　清季知識女性處身於傳統與現代的夾縫之中，她們身兼中西之學，一方面繼承前代閨秀的「性別不平」與「閨閣遺恨」，使她們得以用質疑的態度面對傳統「男尊女卑」「男外女內」的性別觀；另一方面由於受到西方文化的衝擊，使她們更著力批判傳統文化，以建立獨立自主的新時代女性典範。她們出身於傳統的書香門第，在傳統文化之中浸沉成長，此雖然是她們得以躋身知識精英階層的憑藉，但另一方面　又無可避免地成爲她們前進改革的包袱。她們努力推動女性改革，　又在傳統思想的桎梏下，於擺脫由父權操控的婚姻家庭時，倍覺舉步維艱。對於挑戰根深蒂固的父權結構，她們更顯得力不從心，左支右絀，可見作爲傳統與現代之間的「過渡人」，其處境實在不易。

目　次

第十、十一冊　樊增祥傳論

作者簡介

　　薛超睿（1985～），山東濟南人，文學博士，碩士師從濟南大學近代文學專家郭浩帆教授，博士師從珠江學者、華南師範大學左鵬軍教授。現爲江蘇鹽城師範學院文學院講師，研究方向爲古代文學、近代文學，近年轉向十九世紀漢籍英譯研究，曾在《文藝爭鳴》、《紅樓夢學刊》、《中國文學研究》、《中華文化論壇》、《古典文學知識》等刊物發表論文多篇，現主持江蘇省社科規劃項目一項，參與國家社科重大項目、教育部項目多項。

提　要

　　樊增祥在晚清民國的政界、文壇，是一個繞不過去，但又語焉不詳的存在，他生於第一次鴉片戰爭後六年，卒於九一八事變前夕，經歷了「千年未有之變局」中幾乎所有大事，有些甚至廁身其中，周旋左右；縱橫詩壇六十載，留下

作品二萬餘，被譽爲當世詩豪。但弔詭的是，這樣一位曾經顯眼的人物，死後長期隱而不彰，較之同輩乃至後學都黯然無光，成爲學界研究的空白。

本文意在前人成果之上，本著紀事存人的目的，由其詩文入手，參考時人日記年譜、筆記雜談、報章記載，試圖全面展現樊增祥的爲人、爲官、爲文面相，把一個散落於紙間的扁平符號，還原成一個有血有肉、果敢精明，又充滿矛盾張力的末世官僚——文人形象。

樊增祥一生跨越了近代中國幾乎所有的歷史結點，目睹了文化陵夷，國土淪胥，經歷了政體更替，國體變換，正處於舊時代的終結和新時代的肇始；他在清末民初均莅高位，接觸甚至影響過最高層的決策「羽翼誠有功，補救翻無術」，未曾引領預流，但直篤職任事，如此一個集合了思想衝突、義利糾葛的矛盾人物，誠可謂過度時代轉型的標本，其豐富的吏治思想和施政智慧，對於當前治國體系和治理能力的建設，也不失爲一種擇善而從，去粗取精的有益借鑒。

目　次

上　冊

第十二、十三冊　美德關係在中國（1894～1901）

作者簡介

　　袁正邦，私立中國文化大學史學所博士、美國雪城大學（Syracuse University）歷史學碩士、國立臺灣大學學士。主要研究領域爲中國近代外交史、中美關係。現職大陸廣州中山大學歷史學系專職副研究員，並開設核心通識課程「寰宇故事：人類文明的發展與相遇」。目前獲得 2018 年度大陸國家社會科學基金項目一般組、2018 年度廣州市宣傳委《廣州大典》研究計畫的資助，從事晚清中美關係的研究。

提　要

　　《美德關係在中國（1894～1901）》係由作者同名的博士論文修改而來，內容的深度與廣度，進步甚多。本書鑒於晚清時期涉入中國事務的列強中，

美國與德國的互動，中外學界較欠缺研究，惟美德關係卻在 1894 至 1901 年之中（事實上，殊非局限在此時間範圍），舉凡清廷涉外的重大事件中，兩國因之而生之因應政策與互動，對中國皆有深邃而關鍵的影響，故而作者在能力範圍內，盡可能搜集了中文、英文、德文的史料，試圖做出膚淺的研究，期待各方專家的指正。本書第一章闡明本研究的目的、相關史料與文獻的回顧、研究方法、特別是一些自國際政治與關係引入的理論之運用；第二章則探索美國與德國關係之起源與發展，此則似為國內學界較忽略者；第三章主要分析兩國向遠東發展的脈絡、並進而研究兩國在中國關係的發展與變化；第四章以中日甲午戰爭為背景，首先釐清美國與德國各自早期在日本、朝鮮的經營，繼而剖析兩國於甲午戰爭中的國家利益矛盾與衝突；第五章賡續前章，環繞膠州灣事件，兩國國家利益的衝突已然暗潮洶湧，特別是聚焦在美國對應政策的影響；第六章則論述兩國在庚子事變中，在中國諸多問題上的矛盾與合作，此章篇幅最重，蓋問題最複雜；第七章為結論，論證美德關係對中國有何關鍵性的影響。

目　次

第十四冊　膏腴之壤，江南好尚——江蘇區域史散論

作者簡介

　　朱季康：男，1979 年生，江蘇揚州人，民盟盟員，揚州大學社會發展學院教授、博士生導師，歷史學博士、教育學博士後，美國孟菲斯大學訪問學者。主要研究方向爲中國史、教育學等。發表各類學術論文百餘篇，多篇爲《人大複印資料》全文轉載，出版著作 6 部，參編 7 部。主持國家社會科學基金項目、江蘇省社會科學基金項目、江蘇省教育規劃重點項目等各類課題 10 餘項。主要社會兼職有揚州市政協委員、揚州市政協教科衛體工作委員會委員、民盟揚州市委委員、揚州青聯委員，揚州大學學術委員會委員、江蘇省口述歷史研究會副秘書長、江蘇省反邪教問題研究中心學術委員會副主任、揚州政協理論工作委員會理事、揚州市歷史文化名城研究院客座研究員等。

提　要

　　江蘇區域史研究早已是一個大課題，本書主要從教育史、經濟史、社會文化史、傳媒史等四個領域，對相關內容進行了一些粗略的研究，期待在江蘇區域史研究的大題目中，能給讀者們一些新的啓發與視角。

　　在江蘇區域教育史領域，本書提供了 6 篇文章，分別是：《江淮風雅自此萌：論江蘇地區高等（高等級）教育的誕生》、《述論隋唐五代十國時期江蘇地區高等教育的發展》、《江淮雅韻：魏晉南北朝時江蘇地區的高等教育》、《清代：江蘇古代高等教育事業的發展高峰（1840 年前）》、《論北洋政府時期政府對南京公立學校撥款狀況》、《童伯章的教育管理思想與實踐研究》。

　　在區域經濟史領域，提供了 3 篇文章，分別是：《經濟危機下再論張謇成功的原因：近代企業家的精神與視野》、《和諧共進：再論江蘇「資本主義第一春」出現的原因》、《「史上僅見」──唐宋時期儀徵交通檢閱》。

　　在區域社會文化史領域，提供了 8 篇文章，分別是《傳說與眞實：試述先秦揚州文明的脈絡》、《新文化史學視野下的「盛清揚州」》、《清季詩歌中的鴉片戰爭與江南社會》、《清末民初蘇中圖書館事業述評》、《外引外生：無奈與選擇──兼評近代蘇中地區戲劇、曲藝發展模式》、《揚州建設「世界名城」的新追求》、《新市民的聚融與歷史文化名城類城市的現代復興──以揚州市爲例》、《近代地方性社團的興起與分析──以江蘇蘇中地區爲例》。

　　在區域傳媒史領域，提供了 5 篇文章，分別是《論清末民初蘇中地區報刊事業的起步與發展》、《鴻爪芝蕙，不驕其德：建國前蘇中地區的人民報刊發展歷程簡論》、《述論建國前蘇中地區人民報刊的新聞宗旨》、《論蘇中地區近代報刊事業的「黃金期」（1919～1937）》、《敵後新聞事業的奇蹟──蘇中根據地報刊印刷事業述評》、《抗日戰爭中江蘇三種現代化道路的生命軌跡》。

目　次

第十五冊　中國傳統雷電自然知識變遷研究

作者簡介

雷中行，臺灣清華大學歷史碩士，北京清華大學哲學博士。曾任臺灣吳鳳科技大學外聘講師、中國青年政治學院外聘講師和《旅讀中國》創業課程講師，教學生涯小十年未滿；創立臺灣玩坊有限公司、北京中博弈和文化發展有限公司和北京湖石科技有限公司，創業歲月大十年易逝。現於遊戲產業界任職，致力於打造遊戲和教育結合的教具產品。著有學術專書《明清的西學中源論爭議》和《中國傳統雷電自然知識變遷研究》，另有《天工開物》、《虛擬現實：創業者的執行力與想像力》和《翻滾吧，創業失敗俠！》等書陸續出版問世。

提　要

本文試圖還原殷商至晚清之間，中國傳統雷電認知脈絡的變遷過程，並探究影響雷電認知更新，以及造成和阻礙雷電認知傳承的根源。筆者發現中國傳統的雷電認知經歷過四個時期的主要變化，分別是：殷商時期的自然神認知；周朝以降的自然規律認知；漢唐時期的傳統陰陽氣論認知；以及宋至晚清多元兼容的陰陽氣論認知。在上述的變遷過程當中，中國傳統的雷電認知具有兩個主要的特徵：一是不同人群的雷電認知是明顯不同，層次分明的；二是雷電認知的論述主體自上古以降有著從中原地區轉移到湘湖和嶺南區域的趨勢，同時逐步由一元走向多元論述並存。

在雷電認知的變遷脈絡中，方士、僧道、技術官僚和庶民是認知更新的主要因素，上述人群會將區域性的經驗與知識帶入傳統的雷電認知當中，而爲傳統士人所記錄與論述。傳統士人本身則甚少創造新的認知，是傳統雷電認知的主要傳承者，藉由他們不斷地展開經書注疏與類書編纂的工作，經典論述得以爲人持續地援引和形成穩定的傳統，陰陽氣論得以保持其強大的影響力，但源於傳統士人格物致知的原則，他們亦連帶地述及各種關於雷電的自然記錄，使得宋明以降的雷電認知趨於多元分立。

阻礙雷電認知傳承和知識更新的因素在於，傳統士人論述雷電認知時普遍缺乏具確定性的論述意識，轉而以不可知論來形成結論；問題意識呈現碎片化而無法有效集中，解決新的問題；同時書籍的流傳與保存亦受到現實環境的制約，新穎的雷電認知無法有效地爲人傳承和擴大其影響性。這種情況遂導致傳統的雷電認知長時間以陰陽氣論爲主體，兼容各色異源的雷電認知，最終形成十分穩定的知識結構，直到晚清的西方近代科學全面傳入之前，傳統的雷電認知難以被內部新穎的認知更新和取代。

目　次

第十六冊　雲南古代佛教中的婆羅門教因素研究

作者簡介

羅玉文，男，加拿大籍華人，1950 年生於四川成都，2011 年於成都中醫藥大學獲中醫學碩士學位，2014 年於四川大學道教與宗教文化研究所獲哲學博士學位。

提　要

婆羅門教是印度及東南亞地區最重要的古代宗教之一，雲南作爲漢地與印度、東南亞進行商貿文化往來的重要通道，必然受到這一區域主流宗教的深刻影響。然而目前國內有關雲南古代婆羅門教的研究卻十分稀少，對於雲南宗教中一些獨特的現象，如阿嵯耶觀音、大黑天神信仰、大姚白塔、阿吒力僧等，以往學者大多從佛教密教、東南亞佛教的角度去解釋。不過從目前的研究情況來看，單純從佛教的角度去解釋南詔大理時期的宗教現象存在諸多困難。鑒於雲南與印度及東南亞地區有著密切地緣關係，筆者嘗試從婆羅門教的視角對雲南佛教史進行重新解讀，而且這一視角可以更好的解釋南詔、大理時期佛教中的諸多獨特現象。早在南詔初期，佛教在洱海地區興起以前，婆羅門教可能就已經傳入雲南，並對南詔社會產生了重要影響。到了大理國時期，段氏在大力推崇佛教的同時，也恢復了一部分婆羅門教信仰，

之後大理的婆羅門教逐漸佛化，最終成爲白族佛教的一部分。

目 次

第十七冊　南宋寺院經濟與社會

作者簡介

　　劉軍峰（1984～），山東省泰安新泰人，現定居浙江省寧波市，2012 年 7 月畢業於四川大學道教與宗教文化研究所，獲哲學博士學位，曾先後在寧波工程學院，江蘇省委黨校任教，現爲江蘇省行政學院哲學部教師。2006 年至今，一直從事佛道文化的學習與研究，在國內各類期刊發表學術論文三十餘篇，爲 2013 年國家社科基金重大招標項目（第二批）多卷本《中國寺觀文化史》主要研究人，參與完成市級課題一項，主持省級課題兩項，主持國家社科基金課題（青年項目）一項。

提　要

　　寺院通過農業、手工業、工商業等經營積累必要的財富，可以爲僧眾生活的改善、宗教修行的開展提供重要的善增上緣。寺院經濟活動是謀求自身發展的內在需求，同時也爲社會生產力的進步、經濟的發展、文化價值的傳播等創造了必要的條件。以南宋時期寺院經濟及其與社會的關係問題爲研究對象，可以發現此時期寺院經濟活動所具有的鮮明的世俗化傾向以及政治彌撒性，體現出寺院與南宋政府即相互利用又相互排斥的政治關係，以及佛教在世俗社會發展中其自身性格的兩面性：既有謀求自身獨立發展的強烈要求，同時又有服務體制、順應體制，極力尋求與世俗政權積極合作的強烈願望。

　　以史爲鑒，可以知古今，對南宋時期的寺院經濟進行研究具有重要的理論意義和現實意義，一方面可以揭示南宋社會佛教與經濟發展的基本面貌，反映佛教歷史發展規律和文化傳統，另一方面可以爲當前寺院社會經濟文化建設，以及政府解決宗教問題提供重要的歷史參考，爲當前佛教在現代化社會中的未來尋求合理的出路。本書以南宋時期的寺院經濟爲研究對象，立於宗教文化、社會歷史以及政治經濟的綜合視角，將寺院的經濟活動狀況放置到包括寺院本身在內的社會以及歷史發展中去考察，並結合宗教信仰理論、經濟活動行爲、政治階級學說等等理論學說，探討南宋時期寺院經濟、政治經濟文化、社會發展之間的相互關係及其影響。

目　次

第十八、十九冊　制器尚象：中國古代器物中的觀念與信仰

作者簡介

　　練春海，2010 年畢業於北京大學，藝術學博士，加州大學伯克利分校、斯坦福大學訪問學者，現爲中國藝術研究院副研究員、研究生導師，主要從事藝術考古、物質文化研究與美術創作。主持國家社科基金項目「漢代壁畫藝術研究」，中國藝術研究院項目「中國工藝美術史前沿與學術梳理」等多項課題。出版《器物圖像與漢代信仰》《漢代車馬形象研究：以御禮爲中心》等專著 5 部，並在 Journal of the American Oriental Society、《文物》《民族藝術》《美術研究》等雜誌上發表學術論文 50 餘篇。

提　要

　　《制器尚象：中國古代器物中的觀念與信仰》是一本經過框架精心設計與編排的學術論文集，書中所輯選的 22 篇研論文撰寫者分別爲來自北京大學、清華大學、中國社會科學院、中國藝術研究院、復旦大學、廈門大學、南開大學、四川大學、中央美術學院、廣州美術學院、華東師範大學、上海博物館、湖南省博物館等學術機構的中青年學者，他們都是各自研究領域的翹楚。文章的研究對象，在時間上跨越了從原始時期到清代幾乎整個中國古代歷史時期，在類型上覆蓋了禮器、庸器、兵器、樂器、食器、明、行器、權衡器等多個器物種類；研究所採用的方法包括考古學、人類學、歷史學、文獻學、藝術史等多種研究方法。全書的內容可以概括爲三大類：第一類爲器物辨識。包括名物考

證以及對器物上銘文、圖案、刻劃的研究等。第二類為器物與環境研究。包括探討器物的具體適用環境、使用方式、使用時間及適用對象等。第三類為器物與文化研究。包括器物的造型、源流、功能，及器物與特定文化、事件、現象、信仰之間的關聯等。文集以「器物研究」為關鍵詞，力求彙集相關學科、領域專家學者最前沿的學術理念，探索跨學科、多維度思考問題的可能性，集思廣益，以推動對中國古代器物的整體研究水準。

目 次

第二十冊　竹帛書《周易》書法比較研究

作者簡介

　　江柏萱，1987 年生於臺北，國立臺灣藝術大學書畫藝術學系博士，現職長榮大學書畫藝術學系助理教授，其作品曾獲高雄獎「何創時書法篆刻類特別獎」，及全國美術展、新北市美展、行天宮人文獎書法創作比賽等多次獲獎；並曾於臺灣、中國、日本、馬來西亞、法國等地舉辦數次個展及受邀參與聯展；著有《黑白點線在我——書畫藝術創作研究》、《竹帛書《周易》書法比較研究》等。

提　要

　　竹帛（或作簡帛），即竹木簡牘與帛書，是中國古代曾使用逾兩千年的文字載體。一九九四年，上海博物館在香港古玩市場購得一批竹簡，合計有一千二百餘支，經過年代測定，竹簡年代爲戰國晚期，內容字體爲楚國文字，爲眾多戰國書手墨蹟，風貌多變，竹書《周易》收錄於《上海博物館藏戰國楚竹書（三）》，簡文爲四位書手所書，書風各具特色。西元一九七三年，出土於湖南長沙馬王堆三號漢墓的帛書約十多萬字，抄寫年代推論大致在秦始皇統一六國（公元前二二一年左右）至漢文帝十二年（公元前一六八年）之間。帛書內容相當豐富，涵括眾多學科，本文研究主題《周易》屬六藝類，依字體、書風判斷應爲漢文帝時期所書，已出現成熟的漢隸特徵。

　　本論文主要由書法藝術角度切入，經由用筆方式與線條特徵、文字造形與結體特色、個別空間與整體章法等，諸多具有特色的書寫表現，分析、比較竹帛書《周易》不同的書法風格，並了解所處時代的書風與文字書寫的眞實情況，進而探尋戰國時期至漢代的字體演變脈絡；然而不同的書寫載體、工具有時造成書寫上的限制，可能因此形成該書風的特殊性；另外，由於帛書《周易》出土於故楚地，所以也能從文字的使用、通假與假借字等方面，看出楚文字的影響。

目　次

第二一、二二冊　西漢未央宮出土骨簽書法研究

作者簡介

　　張嘉哲，1989 年出生於彰化，2016 年畢業於國立臺灣藝術大學書畫藝術研究所。曾於日本大東文化大學書道學科交換留學一年，具有長期的傳統書畫養成背景，並揉合現代書藝的美學觀，現階段創作以文字演變為關注與實

踐，考察當今文字在國族與書寫工具的複雜性與媒介革新，介於文字—圖像—字碼三者之間的相互辯證。目前生活於台北與柏林。

提　要

　　骨簽爲近期考古發現的重要漢代銘刻類書法資料，反映漢代漢字的發展與變化，對於研究文字與書法表現有重要的意義，西漢首都長安城爲其出土地點，本論以未央宮出土骨簽爲主要研究對象，內容記載了地方工官向中央政府上交供皇室和政府使用的手工業制器、兵器等物品名稱、規格、紀年、各級工官到工匠名，爲中央級別的檔案材料。

　　骨簽的文字字相，其體系承接秦系文字，仍餘存篆意架構，大致隸意已相當成熟，反映篆隸過渡時期的特徵。而輕鬆率意的草化書寫反映在部分的文字寫法之中，暗示著後世成熟草書的符號化，考察其筆畫特徵，又與審美化的楷書筆法暗合，骨簽夾雜著多樣的書寫技巧，在書法發展中具有高度的藝術性。

　　透過探析西漢骨簽的文字構形、書法的用筆、體勢、章法與行氣等，可知西漢骨簽與秦漢書跡之關係十分密切，骨簽刀筆相生的特質，契刻的書寫意識如同毛筆筆意，大大翻轉了隨意契刻的模糊概念，而契刻的線質又反映硬筆書法自身的特性，在線條兩側可看見差異變化，部分幾何形的構件結體，亦是相異於毛筆書法的另一特色。

　　藉骨簽書法之研究，轉換爲篆刻創作面向的開展。將骨簽契刻書法的刀筆相生，與篆刻的概念與思想再連結，透過對骨簽書法線條與章法分析，以印從書出的藝術發展脈絡之下，期望篆刻中的「書法」可再被活化，同時使「契刻」在篆刻創作的語彙中有新的可能。

目　次

上　冊

第二三冊　宋代書籍刊刻與書法研究

作者簡介

　　周勁松，畢業於北京師範大學，先後獲得碩士和博士學位。現爲中國文聯出版社副編審、美術分社總監。書法以二王爲宗，旁涉篆隸，多次參加全國書法展覽，作品在韓國、日本等國家以及我國臺灣地區展出。2014 年，參加「筆墨圖騰——當代中國書畫名家邀請展」（呼和浩特）。2015 年，參加由北京師範大學藝術與傳媒學院和《中國書畫》雜誌社主辦的「三人行——京師三博士書法展」，分別在北京和山東成功舉辦。2016 年，在北京師範大學京師美術館舉辦「周勁松博士畢業書法彙報展」；參加「聚藝・江南——中國青

年藝術家邀請展」（蘇州）。在專業刊物發表書法論文十多篇，多次參加藝術類教材編寫，並負責編輯中國文聯重點項目中國國粹藝術書籍二十多種。

提　要

　　該書對宋代書籍刊刻所使用的字體以及寫手、刻工進行研究，分析宋代書籍刊刻中不同時期、不同區域的字體特點，從字體書寫角度為宋版書的版本鑒定提供參照；分析宋代書籍刊刻字體與名家書法之間的關係，探討書法史不曾關注的宋代底層寫手、刻工的書法造詣和他們的生存狀態。

　　該研究圍繞宋代刊刻書籍的原版書圖像和史料記載展開，運用篩選、歸納、比較、描寫等方法，將宋代書籍刊刻字體進行分類整理，建立宏觀與微觀、時間與空間的立體分析框架。書籍刊刻的正文有仿顏體、仿歐體、仿柳體、仿蘇軾體、仿瘦金體等楷書字體，這些字體具有明顯的地域差異，少數書籍的正文為篆書和隸書。書中的序、跋，除了楷書、篆書、隸書之外，還有行草書。書籍的正文以楷書為主，序、跋以行草書為主。寫手們書寫正文時都模倣前朝或者當朝的書法家楷書，按照楷書的規範書寫，沒有形成程序化的「匠體」風格，他們的書寫雖然不屬於書法創作，但字體端莊嚴謹，楷法遒美，可以跟書法家的楷書作品相媲美。書中的序、跋一般請業內知名人士撰寫，有的直接將寫好的行草書手寫稿上版刊刻，這些序、跋除了實用之外，書法藝術性也很強。宋代書籍刊刻字體的整體風格沒有脫離「宋尚意」的範疇。

　　該書從藝術史的角度，探討書籍刊刻工藝對字體藝術性的影響，以及「宋體字」最終形成的主要原因。同時，還對宋代社會的文化、經濟等方面進行考察，分析當時書籍刊刻全面繁榮的原因及寫手、刻工的基本收入。書坊刊刻經營書籍的利潤很高，但寫手、刻工等工匠的收入低，他們屬於宋代社會的底層。

目　次

第二四冊　明中期江南文人畫家與民間職業畫家比較研究

作者簡介

　　熊震 1975 年 3 月生於江西省南昌市。

　　1992 年 9 月～1997 年 7 月，江西師範大學美術系就讀美術教育專業並獲文學學士學位。

　　2005 年 9 月～2007 年 7 月，清華大學美術學院攻讀美術學專業並獲文學碩士學位。

　　2010 年 9 月～2013 年 7 月，清華大學美術學院攻讀美術學專業並獲藝術學博士學位。

2013 年至今，就職於江西科技師範大學美術學院，碩士生導師，美術系副主任。

2017 年，美國林肯紀念大學訪問學者。

學術論文

1.《從中國畫歷史梳理的角度看當代水墨問題》發表於《文藝爭鳴》2010年第 2 期。（CSSCI 源刊）

2.《中國近現代水墨畫的演變與轉化》發表於《文藝評論》2013 年第 1期。（CSSCI 源刊）

3.《明代中期江南兩類藝術家的審美異同研究》發表於《江西社會科學》2016 年第 8 期。（CSSCI 刊源）

4.《明清以降「江西畫派」聚落的社會關係與筆墨研究》發表於《江西社會科學》2017 年第 2 期。（CSSCI 刊源）

提　要

本文以明代中期的江南社會為切入點，在考察當時的政治環境、經濟狀況、城市面貌基礎上，分析不同階層以繪畫為媒介的人際交往，畫家方面，本文主要關注文人畫家和民間職業性畫家，探究他們的生活軌跡和繪畫創作過程，梳理他們的師承路數，理清其作品影響力的來源，在現實生活的層面展開具體的討論，掌握他們之間相互交流和彼此影響的情況，通過瞭解相關各群體的關係和作用，系統研究當時多種繪畫風格並存的江南畫壇。

就畫家角度上看，文人畫家們在科舉仕途上不同的選擇與結局，導致了各自不同的生活態度，與此同時，市民階層的壯大也給當時社會生活帶來很大的衝擊，市民階層的審美風尚也使得美學觀念發生變化，這給當時有著世家背景的文人和具有官僚身份的士夫階層帶來深遠的影響，文人的詩文書畫不僅在精英社交圈中扮演潤滑劑的角色，而且也作為商品的形式，在市場中發揮越來越重要的作用，那些名聲卓著卻隱居於市的文人與畫藝高超卻仕途失意的官僚，出於官場和市場的雙重考慮，選擇了以更加入世的心態接受這樣的現狀，同時又保有自己人格的獨立性，由此文人畫家們開創了既入世又脫俗的生活方式；繪畫風格的確立上，他們既顧及了現實需要也秉持了自己的理想追求，從而獲得了一種理想與現實之間的平衡；至於民間職業性畫家群體而言，由於他們的家族在文化教育和社會地位方面的落差，導致一部分人雖投身科舉卻無果而終，而另一部分出身於工匠的民間畫家則必須緊密聯

繫市場，靠攏贊助人與收藏家以贏得更多的訂件，並借助他們宏富的歷代藏品開闊自己的眼界，提高自身的畫技，正是長期的實踐經驗和豐富的社會閱歷，使得這些優秀的民間職業畫家，既滿足了市場需要，又兼顧到精英階層的審美意識，他們的生活方式和作品格調上都與文人畫家有著某種相似性，由此出現了兩大群體間品評與交流的可能，並最終形成了彼此作品風格相互滲透的局面。

在作品評價體系中，文人佔據話語權優勢，客觀地看待歷史上的文獻資料，是冷靜分析兩類畫家作品的前提條件，因為畫家作品與詮釋的關係直接關係到他們在美術史上的後世定位，細加分析明代文人的記述和相關的理論體系的建構，對於畫家作品及影響力的再次認定有積極意義。

目　次

第二五冊　徐三庚篆刻書法藝術研究

作者簡介

顏瑛慧簡歷

學歷：

國立臺灣藝術大學　　書畫藝術學系　　碩士

日本大東文化大學　　書道學科　　交換留學一年

私立中國文化大學　　廣告學系　　創意表現組

國立嘉義高級中學　　美術班

1983 年出生於臺灣雲林。國中美術教師。一直以來關注著藝術與人文的古往今來，喜愛藝文帶給人的各種情感釋放。小學三年級開始習字，從此與書篆藝術締結美好緣份。對於書法情有獨鍾，常和學生探討文字結構之美，並在課堂中宣揚書法藝術的獨特美感。希望藉由日常文字的書寫，能保留、傳達手寫字的自然溫暖。

提　要

影響清代後期篆刻發展最劇的當屬丁敬（1695～1765）和鄧石如（1743～1805），丁敬師法秦漢，兼取眾長，善用切刀為法，不主一體；鄧石如不以秦漢古璽為滿足，而自求於書法的融入，主張「以書入印，印從書出」的創作要詣。丁、鄧的推陳出新，為晚清的篆刻藝術，開出了光明的大道。晚清時期的標誌為「銳意變法、表現個性」的自覺追求，即不蹈故常的求異思維。徐三庚（1826～1890）印風和書風的養成，與這樣的時代背景密不可分。他的篆刻作品面貌多元，除了戰國、秦漢魏晉、宋元璽印等的擬仿以至明清流派的學習，尚還探求金石碑版文字，以印外求印；書法方面，尚碑但不拘泥，尤受〈天發神讖碑〉的影響深遠，以「中宮緊束，上密下疏」的結體舒展其勢，並秉持「以我書入我印」的理念，印風突破平方正直的規範，其用筆起伏跌宕多姿的意趣和篆隸相參的筆情，在後期的印文創作中表現得尤為充分。儘管徐三庚的創作風格獨樹一幟，在當時也頗負盛名，但鋒芒卻不若吳讓之（1799～1870）、趙之謙（1829～1884）乃至吳昌碩（1844～1927）那樣發光發熱。歷來論者對於他的作品評價褒貶相參，但都僅用三言兩語便蓋棺論定，較失客觀性。不論他在篆刻書法史上的地位如何，其「解放思想，勇於創造」的精神和貢獻不容小覷。

本論文共分為五個章節進行探究：第一章 研究動機與目的、研究內容與範圍、研究方法與流程以及主要研究引用資料的敘述與分析；第二章 針對徐三庚的生平與時代背景、交友與遊歷，作一綜合論述；第三章 探討徐三庚篆刻的研習歷程與創意表現特質，並嘗試將其創藝歷程約略分期；第四章 徐三庚的書法學習初探、自我書風特質的析賞，以及書印互用相生的探討；第五

章 將徐三庚的篆刻和書法藝術特質作一總結，以分析徐三庚的成就、影響和啓示。

目 次

狄宛第二期闕爟與營窟考見星曆進益
——狄宛聖賢功業祖述之二（第一冊）

周興生　著

作者簡介

周興生，男，生於 1962 年，陝西長安杜陵人。自號杜周生，別號壺覆子。西北政法大學副教授、德國漢諾威大學（Universitaet Hannover）法學博士、碩士研究生導師。

研究旨趣：星曆文明與紀度起源、信仰源流、種系及世系起源、《易》源流、法律起源及法哲學比較、孔墨名教治知、中西韻源與星曆關聯。

十餘年來不改學術方向。基於求學閱歷與問讀積累，漸近融會知識起源深層關聯。多題域關聯檢討旨在建造會通中西學術津梁。諸檢論盡圖立基建堂，以爲史考與人類大同進益之階。

提　　要

取前著題域之餘，琢磨舊記答問，行自設度當日進益算術，定朱絲曲直以顯官跡，交垂線而爲地平與黃道協所系等，得見祝巫合朔清算日全食輪返、爟闕曆爲、體爟闕及與體爟闕正節令、營窟結構日心星曆及葬闕星曆志地日耦動致時變。

從星曆術檢討之途，察狄宛七星紀事，旁見祝巫世系一脈起於有巢氏，降及庖犧氏。恃雍覆曆援考顯同段曆爲異段曆爲進益及丑期曆爲進益。烏韻、安韻等韻考揭示，狄宛祝巫烏蘿行止查看導其爟事造器正曆。它域文明記述檢見古代中亞、印度、西亞、拉丁 愛琴海文明諸域俱以烏韻述熱，東西方古韻表意與基之題初見。

星曆考顯示，中國遠古文明貴在星曆進益、中國王官之學貴在星曆學、前五帝時代有巢氏降及庖犧氏乃考古天文能證時代、中國營造寄託星曆進益史發達、五帝紀乃天官紀之脈緒、而星占術之源非狄宛第二期莫屬。諸考使各地仰韶時代遺跡星曆檢獲得固築基臺。

聖賢功業已考者略要：

開地益程曆闕而精算日全食輪返、爟火正曆以造爟闕、與爟闕及體爟闕、興爟火紀正冬夏至以革大火星紀、直日黃經所變顯星曆度、更底開近方面而調諸向程、樞戶軸線見日星所與軌變、匹爟闕司景臺圓底坑及泥臺直弧邊界、黜柱工洞以爲渾天星宿所動之底。

依鬼宿爟宿菁宿正夏至、爟宿配張宿志夏至、異地同照同曆、仲秋日旦在角昏後過氐及房、昏後水星合金星近亢宿與歲星掩火星、參宿大火星孟春協時、回歸年 4 年驗歲星軌變行 120 度、哈雷彗星北斗七星金星水星火星土星昏時并見、歲星行 90 度紀年與水星行半週天、星行 30 度當時辰及水星金星合日、回歸年 3 年照歲星所變 90 度暨巨人跡、季冬迄孟春檢北斗文昌內階、秋分前 5 日晨天王星衝日、處暑晨刻水星凌日、金星曆度與比地曆象、天赤道日心水星上下合地軌、立秋參隱、霜降昏時水星上合、冬至日金星凌日、日環行黃道滿度與赤經圈俯視及回歸年照歲星、水星金星火星信期并見、熒惑冬至逆行鬼宿參照木星。

又檢得設爟宿入張宿乃爟闕入營窟思向之源、依日所黃經度變及日射線益程見營窟底開圓而方漸變。瓦宥坐爲間葬器考揭示黃道赤道耦動限於赤道南北 23.5 度許。同期姜寨葬闕考揭示，市事及圭察日影事本狄宛。星曆考揭示，仰韶時代中國地中所不在濮陽，而在狄宛斷崖內軸線原點、史傳「不周山」即此地、營窟 F709 熒惑冬至逆行鬼宿事考有助於破除熒惑占迷信。

營窟 F229 丑期曆援於第四期曆闕 H236 測算揭示，歲星信期合回歸年 11.9 年。此重大曆算進益本乎第二期第 I 段星曆。第一期以降星曆學孕育第二期彩陶畫。中國天文史學新增素材若干。

目

次

第三冊

圖　次

第一卷　曆闕與壕溝曆志與曆援

一、同層孤闕及殘覆闕曆志

（一）同異層曆闕對立檢算係曆連之途

1. 丗段與層別曆闕檢討係曆連之基

1）期別遺跡文明不絕佐證之問

（1）曆檢溯跡曆連乃史前史辨識之途

　　重構中國古史呼聲久未衰減，而如何構建涉疑迄今未決。依前著考證，史前史學難點在於曆連辨識。曆連者，遺跡曆志佐證時代相聯。如此，中國史學將依旁證溯虞夏之前，乃至有巢氏時代。如此，檢者不獨得星曆史學旁證，也將得樹藝人知史佐證。

　　檢討狄宛第二期遺跡異乎第一期遺跡，故在雙層遺跡不可避開。期別不須導致文明體別。欲自下及上曆檢，須先奠定考究途徑。謀此，須依曆為定名，別於迄今考古門嘗試。層別即地層之別。含文明遺物地層高下差即地層差。層別非地質學名，乃限於文化遺物出現於下——上及以上地層。遺物本乎發掘、揭露、起出。遺物地層相異即文明時代相異，相稱地層遺物時代隨之相異。自大陸民國以來，地層高下之檢能得結論準則在於，地層愈下，遺跡須歸時代愈早。以曆闕為例，欲檢同層「文化」表現，須並問若干曆闕含納何物、納物多寡、納物精細程度等。檢討既得或證瓦器工藝水準，或證農耕水準，或證獵取能力水準。此等檢討迄今係區系考古文化「家法」。但此等

檢討不及同期曆闞尺寸曆算。缺此考述之途，同層曆闞曾有表達力隱沒，古聖曾爲無以知曉。

而地層差之辨於上下曆闞表達力之認知迄今不曾裨益。中國古遺跡曆闞期差細節認知仍係考古界不曾勘破之題。在此背景前，不得謂層別說屬考古門之學，此說屬廣義古遺址發掘與考究門之挖掘門。

挖掘固涉深淺、遠近、闊狹定數，此定數係古聖賢所知定數。於發掘者，此數雖係未知，但能依層土色差見某遺跡小大之度。古聖構築度數屬未知數。此數須以算法檢討。迄今考古界所言考古學於我堨係挖掘學或發掘學，外加挖掘測量。數遺跡地層差、或數遺跡同層所闞係俱須檢討。

（2）曆連檢推助遺跡文明進益溯跡

倘若須設定史前考古門涵義，我意考古學乃曆連檢討之學，此檢將給某遺跡文明自昔及後進益。此等檢討係考古天文（星曆）學，而非天文考古學。域內學人用後者，但檢西文著作，有考古天文學。此學術屬天文學支脈，用於考古。此名並舉事、途二端。但域內學人譬如中國（大陸社會科學院）考古研究所有人用天文考古學，譬如馮時先生。此名舉途、事，而且途在前，事在後。顯示途徑重大。但途徑須用於事。事細則工精，途大則易歧。我迄今用名、思向調理皆準乎工精。

倘使給此門定義，我以爲考古天文學須命曰：考古天文學係依星曆等術彰顯遺跡文明期別進益之學。期別進益即遺跡昔後文明之溯跡與比較之果。「昔」謂往，「後」謂繼。此二者乃甄別、辨識文明步履根基。如此，將致「且暮之遇」（《莊子・齊物論》），以爲古今會通根基。

前言文明，唯指曆算文明。往昔曆算文明之察須恃尺寸度當曆日算術。此算術也須增益，改良。由此，某域或某國遺跡文明昔後狀況始得化爲與它域、它國遺跡文明昔後狀況比較之匹配，考古門於學術進益之功始得彰顯。

欲述往昔曆算文明，須深考底層埋沒諸物，揭示曆算側翼細節。又須照顧後層埋沒諸物，以及其程度等數掩藏之曆算細節。墜下而上攀，乃日每經營。澄清每層曆闞細節，即得曆算進益辨識把柄。獲得層別曆闞曆算進益參數，即得此遺址局部文明程度之證據。而同層曆闞所、異層曆闞所曆術關係辨識乃難點之所。考古學界今循檢討途徑限於「疊壓、打破、共用，早晚關係」〔註1〕辨識，不能裨益史學進益。

〔註1〕 霍東峰：《考古層位學之「層位關係」》《考古》2017年第5期。

2）同層曆闕對立類別

（1）同層曆闕對立曆檢要義

涉及同層兩遺跡所關係辨識，考古界曾滿足於「打破關係」四字。但此名不足以揭示兩遺跡遠近、並或殘之結構細節曆義探求，不便於辨識祝巫告喻星體曆義之欲。

對立係一種考古方略，方謂今遺跡本乎祝巫故置向，置向在方而有向。略謂曆考者見地面遺跡疏密。對立基於莅，依莅眞切查看，此乃考證精要。宛若身臨其境，從而辨識祝巫曆爲細節。

顧歐洲笛卡爾、康德學術，對立係哲學認知之途，此途精要在於莅知，而此途不異於中國古聖賢獲知路徑，譬如《繫辭傳》言「聖人大寶曰位〔註2〕」，此位非王位皇位，而係莅知。聖賢所以爲聖賢者，非以皇帝號而尊，以其有智而便民。莅知貴在臨外物，非外物不足以別物我，非察耦所不得見一物之特，亦不能檢相聯物之特。

曆日算術背後頻見星體所變，非莅知無以察見祝巫曆日原念。今之嘗試係考古學引入中國以來考古途徑之反動：非自考古門而見遺跡要義，而依墨翟、笛卡爾、康德以來理亂之道行動。此舉旨在揭露中國原文明本相，融通近代西方文明發達之途。

（2）同層曆闕並、雍、覆

在某期地層，並見諸多遺跡。曆闕係一類，每見數曆闕並存。並存曆闕別二等，近匹與遠匹。但同層兩曆闕之「打破」係後曆闕殘破前曆闕之果，而非目視祝巫建造後曆闕而「打破」前曆闕。狄宛第二期見若干曆闕殘破，此係祝巫用心爲曆之證。若言挖掘某兩曆闕先後，以後曆闕某邊傷損前曆闕某邊，此時見一曆闕縱向局部不全，有如豁口之闕。此係殘損之貌。殘損出自祝巫側面動土切割。

細察同層兩曆闕，能見祝巫匹配此二者。如何匹配，係一問題。粗察同層兩所曆闕，無論相去遠近，須見兩等。曆闕相匹兩等：近匹、遠匹。遠匹以置向別 4 等，譬如準乎某線平行、或準乎某線垂直、或準乎某線相交角小於 90° 或大於 90°。

〔註2〕 檢諸家注《繫辭傳》「聖人之大寶曰位」，無一家述及聖賢莅知。而莅知者須有向程。否則，認知唯限於平面，退化衰敗。

近匹別三樣：曰切匹、曰鄰匹、曰錯匹。切匹者，如圓周相切也。鄰匹者，如鄰建之四至之一邊毗鄰也。錯匹者，四至之一邊或圓弧邊以經緯度別置也。別置即置向參差。前言七狀係幾何學或大地測量說。但於曆算須有它名。

前言曆連，同段曆連恃遺跡曆連呈示。異段曆連以前後段曆連呈示。異層曆闞曆連係丑層曆連。此等曆連於前遺跡建造者乃未來事，於後遺跡建造者乃曆術──曆術關聯事。如此，曆算援引乃關鍵話題。圖曆連須謀曆援。謀斷曆援須別曆闞或它遺跡所關係三等：所並、所覆、所雍。所覆與所雍之並見曰所雍覆，或某某遺跡雍覆，即後遺跡底面高於前遺跡，但殘損前遺跡，遮蔽前遺跡某結構。

有曆闞之匹與所兩等名類，地平測量、星曆計算兩事俱得照顧，遺跡認知之廣狹二事俱有基名。

2. 層別或期內曆闞覆雍檢途

1）曆闞覆檢

（1）舊名礙曆檢之哲學根源

考古發掘者輒用「疊壓」指上曆闞、下曆闞至少局部縱向置建。似乎上層某遺跡覆壓下層某遺跡，而且作用力大抵屬某物位於某平面施加靜壓力之類。以二遺跡高下指處所，此乃考古界封閉描述，頗似窮盡檢討。如此檢途不達聖賢建造旨的。循此檢途，考古界不能有新見，而聖賢塙屬異類人物。今古隔絕。

此途之敗，敗在外知，即檢討者自外於求知動作。檢賢者之言，外知有二等：第一，超然物外，不思不欲。其證在莊周《大宗師》：「已外天下矣，吾又守之，七日而後能外物⋯⋯。」此言述聖賢通天地萬象後，能以己耦萬象。第二，雖勞而求知，但任一思向動作不涉求知。勞動而不知何以見疑，何處稽考。後者多見。中華民族自皇尊壟斷教育，多有後者而不返。

（2）覆檢準乎曆闞所高下

遺址地層覆壓出自久來土層堆積，時代短長之論是地質門話題。遺跡土質含砂多寡以探掘見土色而別。此係文明（化）層覆壓之證。於後發掘時段，每層所見曆闞細節係要題。細節辨識須逐層展陳。

上下兩曆闕須別小大，恒無眞覆或徧覆。鄉間施工隊輒給村民加蓋房屋，致房屋增高。若在舊主體立面外增建，此非加層，而是添築。察加建其實是覆建。覆建者須以原構築高面或高差面施工。但添築須再向地開挖基坑。而遺跡非如此，而獨以上層覆下層。

上層曆闕散佈面廣於下層曆闕。欲塙言下層曆闕，宜以覆指。覆字能表達蓋面、關聯蓋面下某曆闕小大。上層曆闕覆多少則算多少，如此即顯下曆闕、上曆闕小大之別。此小大之別係洞悉先輩與後輩曆爲同異之途。

2）期內曆闕所層別雜見及層線全或殘之別

（1）「打破」限於樣貌關係認定而不便曆義檢討

曆闕所謂某一曆闕之所。曆闕所層別即此曆闕所此層與它曆闕所彼層之別。此題固於兩遺跡所，由此所而及此所層下。此題迥異於層別，不得混淆。層別乃宏大話題，而曆闕所層別乃精細話題，限於曆闕所考察，而非曆闕本身。曆闕所層別總名係遺跡所層別。

曆闕所出自祝巫置向、而曆闕層出自後壓前。前者納祝巫思向，後者也納祝巫思向。其它遺跡類似。前者依當時思向，以及當時思向之次第。上層連下層僅有一途：後祝巫知曉前祝巫曆爲，於層上向層下開掘。如此，也能建曆連構造。後者出自較長間隔，考古界言段別，其事本乎祝巫舊事。

自上世紀五十年代，考古者亦以「打破」指示遺跡縱向破損。譬如，狄宛第二期 H316 位於狄宛第一期 H397 上層，發掘者謂 H316「打破」H397。檢讀各等發掘報告，對照遺跡迄今研究，得知兩遺跡「打破」關係認定係純樣貌關係判定，不涉及內涵。判定者不曾究問爲何「打破」，打破之度如何。層別或同層曆闕「打破」之義隱沒。

如此，以雍而辨其義乃澄清曆義初階。某兩曆闕垂線或平面方向程度關聯依此考究變爲細節考究。前後祝巫創造力變動隨之清白。於今，則須嘗試以新途討詢同層與層別曆闕相雜狀況，辨其曆連基礎。

（2）曆闕覆檢須顧土層層線殘全二等

查看各等發掘報告，由於查看地層切面圖時，檢討者須見層別、層深，亦須見層內、層間。層別準乎橫線，層深準乎層線垂線之度。地層內與地層間乃程度名，諸程度須限於曆闕查看。曆闕所查看係其階陛。檢地層剖面圖，須得層內見高，層間見透或見丑。此二者係程度檢討者時刻須記話題。

　　細察一遺址上層土覆下層土，須見地層覆壓涉及曆闕別爲兩等：第一，垂線上見層間線被曆闕穿透。此曆闕係透層曆闕。第二，垂線上兩曆闕無曆闕洞穿層線，下層曆闕固不登於上層底地平線，而上層曆闕唯在下層曆闕層上。此二曆闕無物相聯，爲絕緣遺跡。透層曆闕須被照顧，而絕緣曆闕不須上下照顧。其曆算堪行，但層間曆連不行。水平向曆援或有，但垂向無曆援。

　　廣而言之，透層遺跡洞穿上下兩土層層線，後延及下層遺跡。無論下層有曆闕、爝闕（詳後考）、壕溝、體爝闕（詳後考）、葬闕，抑或營窟（詳後考），上層遺跡建造者開掘下深而擊穿下層遺跡之上層土，以上層遺跡底面或底邊傷損下層某遺跡。此乃覆殘或覆雍。

　　查看第二期與第一期曆爲營造，不外查看第二期祝巫是否滿足於第二期土層厚程。而此滿足或不滿足出自祝巫曆爲之須，而非高程絕對值。某構築厚程或深程限於第二期土層層高，此限定出自鑽探辨識，而非祝巫告知。發掘有限，乃田野挖掘遍見狀況。不計歷史擾亂，僅發掘者定程發掘，已面臨錯失文明遺跡之風險。

　　祝巫不洞穿層線而營築，此係一等。其背後存在祝巫某種考量。洞穿層線，此又反映祝巫別等考量。此二者之間，存在曆爲差異。二者須別而考訂，不得混淆。垂向曆連唯恃洞穿層線。而遺址文明承襲久遠之考證唯可恃此考證。耦垂象曆連，見水平曆連。此二者俱係曆援側面。

3）曆闕覆檢之途

（1）曆闕覆檢別三等三狀

　　顧曆連之難，透層與層內曆闕檢討仍不敷須。今別曆闕之覆如三等：層內覆、鄰層覆、隔層覆。層內曆闕覆即前段曆闕被後段曆闕覆。鄰層曆闕覆唯限於上層曆闕覆下層曆闕。隔層曆闕覆即上層曆闕洞穿間層曆闕，底面下深而及第二層，置於其上。發掘者發掘遺址土層，編訂發掘紀實之後，考古者檢讀附表，見同探方有數曆闕同所，此乃隔層覆曆闕之證。

　　細查同層或層別曆闕覆，能以覆曆闕之數定義三狀：其一，孤覆。其二，與覆。其三，雍覆。雍覆又堪別：孤雍覆、與雍覆。與覆即兩曆闕覆一遺跡，或一遺跡兩局部與覆某二曆闕。獨覆即一曆闕覆另一曆闕。雍覆即一曆闕殘覆另一遺跡。

如此辨識出自恤辨祝巫營築曆爲。依前考，狄宛第一期祝巫能規劃地面而營築。今日曆考者須細認曆關置向與所系。祝巫規劃時已顧何構築用於摹記何等曆志。營築時給營築定所、置向。同層諸營築所所依縱橫傾斜而連，此等所連即所系。

在此背景前，考者睹聖賢遺跡，而且遺跡相雜表達複雜曆爲或簡答曆爲之連屬。此等辨識便於下——上曆連。

（2）曆關雍覆以記曆算與視見星體運轉

前著檢討第一期遺跡，但不曾定義遺跡雍覆。而曆關雍覆辨識乃曆爲細節辨識。在此存在二題：第一，曆關雍覆程度辨識。第二，曆關爲曆志，其圖樣既定。此圖樣星曆義何以辨識。

前者乃曆日溯跡。後者乃溯跡祝巫曾知、曾欲摹記星體運轉，以及此運轉記錄星曆。在此，細節考究旨的在於，度當日算術須發揮驗算之功。此曆術基於程度折算與沿襲前著考證曆術算式。而後，須依發掘者給出有限圖樣，檢討祝巫曆日背後曾存祝巫視見星體運動。如此，曆日檢討乃體統檢討。此檢討雖承前著星體認知檢討，但須解釋第二期圖樣曆義特點。

星圖辨識雖能佐證祝巫星圖摹記，證其視見、查看、連察星宿，但此事不得爲脊事。祝巫曆爲納曆日與星察見曆二端。以察星而知星不盡屬祝巫大事。而星所變動係祝巫操心之題。唯此事乃星體動知產生之源。星體所動能告時變。時變之知，乃天文曆爲旨的。

後題以曆關段別而顯某種變遷。此變遷或係視見旨的變遷，或係視見舊星變動。自前段迄後段，知星進益反映星曆體統細節增益。甚或視見天穹星體之途徑革新。承取與變革乃永恆功業。考者唯須細查。

3. 雍曆關與雍覆曆關曆算之別

1）同層雍匹與算法弼補

（1）度當日算術增補

察見同層雍匹出自溯跡聖賢圓滿算術，而非率意嘗試。圓滿算術即圓滿曾爲曆算之途，而且此算術之粗疏被察知。彼等在一番形土之後，察知某曆日計算不精，或所指易致混淆，或曾檢曆日今有變動，故另外形土。於後世發掘者，即見兩遺跡過度倚傍，其一完整，但另一遺跡殘損。此等殘損出自古賢精心測算。故而，凡見兩過度倚傍遺跡，發掘者須嘗試依某算法辨識兩遺跡曆日關係。

涉及兩遺跡曆日算術，今須申明兩點：其一，兩遺跡先後是解釋兩算術同異或聯繫之把柄。其二，兩遺跡曆日算術於後世曆日者至少有兩功。一曰對照，二曰互補。善察者並見二遺跡對照、互補。

（2）同層殘匹曆闕稽考之途

古史檢討最忌斷割決絕，思練無歸。欲免此患，檢者校讀各等考古心得時須貴重初始文獻。此等謹慎能化爲檢討水準擔保。此擔保須基於辨識各等發掘報告撰作技巧：任一發掘簡報述遺址地層垂直程度不遺餘力，此勞作背後存在若干比較與評價。圖樣固出自發掘繪圖者心力，但發掘與測繪乃兩事，兼理兩事者罕有。發掘又須涉連日誌。此間不愼，即致發掘記錄不清。

我幼年目睹本村明陵挖掘、姚家墳挖掘。後於 10 餘年前目睹少陵塬安坡廟塬棱北邊、趙寨西南約 4.5 華里處商末遺址發掘。見鄉民受僱挖掘、鏟地、刷土等。但不見記錄者。亦見遺址曝露於野地，雨水灌注掘坑。

於謹愼發掘者，自鑽探到發掘，此間存在若干決斷：在何處開挖，先挖幾層等，不獨涉及考古發掘者決斷力，也涉及財金資助之壯弱。發掘者能如流水賬一般記述發掘日誌，其記錄次第基於探方編碼。但若干細節初不知曉，譬如同層某探方曆闕發掘見雍曆闕，先發掘受雍曆闕，抑或先發掘雍曆闕，能致不同結果。此題於曆考尤顯重大。考古門無恆定發掘程次，彼等遵循拳頭定律，即依閱歷定發掘程次。但此律不顧雍覆遺跡先後判斷依據：「先挖晚的，後挖早的，按原貌揭露。」或「先挖一半，或先挖 1／4」，遇到小「灰坑」，即可全挖，即在坑線範圍內向下挖至坑底〔註3〕。

自上向下挖掘由發掘程次決定。而初辨同層遺跡，難見眞貌。考古者檢討文明進益須自下層向上層遞進。每遇同層雍匹遺跡，須先察雍匹者，後察受雍匹曆闕，再對照二者程度，即能辨識祝巫曆爲與曆援，舊曆──新曆變遷之證堪得。

2）雍覆及與雍覆恃曆援解釋

（1）第二期算術承取與結構遞增

史學檢討者不免運用「時代變遷」告喻數代某狀況變更，此名立足於自後察照。倘使數代含某代狀況未被文獻記錄，「自背察」者無由無端，不得嘗

〔註3〕 馮恩學編著，林澐審定：《田野考古學》，吉林大學出版社，1993 年，第 72 頁～第 93 頁。

試。若勉強嘗試，將陷於無說。面對古蹟遺存，「時代變遷」之義須別途認知。此處時代變遷謂下層遺跡某情狀在上層遺跡顯露變更，而變更出自思練飄動。程度參數之度不須變更，譬如骨尺，但程變乃頻見狀況。程別長、寬、深。等長與減長、加長，此乃更設程，但非更設度。音律史上，律尺之變，乃度變，而非程變。

察程變出自更設。舊設某程，今不得持守，故在星曆認知域廣或所細。域廣乃面大，而所細本乎舊所之察益細，猶如篩框不變，而篩眼加細。於祝巫，此謂目力發揮，或空間聯想力發揮更細。

第二期曆算承取第一期曆算算術，而第二期營築結構遞增。此遞增背後存在祝巫更設營築，譬如營窟（觀象臺或似房遺跡）底面自圓變成近方。而其程長隨之變動。此等更設背後，存在星曆新知。不得獨見營築結構變遷，否則考者將營築遺跡之曆為內涵轉變成現代建築材料與建築結構檢討。此於彼時祝巫乃莫大蔑視。每種結構遞增俱須依星曆認知解釋。總之，舊貌重現，須恃曆援解釋。新結構細節須恃新曆算解釋，此解釋及後層遺跡檢討又變為曆援。此乃舊──新──舊曆術轉變。

（2）徧覆雍揀覆雍算術承取

算術承取係狄宛第一期算術被第二期祝巫承用，故檢者須循從。而數字創造隨算術頻繁，化為庫存，無承取之題。舉數字「六」為證，此字述數不屬祝巫，但此字模樣被第二期祝巫承襲。數字係與有之物，不得為某族系獨有。但造某數字之聖賢曾獨創此字，後嗣承襲。度當日算式係狄宛祝巫初創，後嗣承襲。

但此算術不須盡善盡美。後嗣承用，但能更改、增益。故自狄宛第一期迄第二期，度當日算術能有變遷。檢其變遷，此乃隨從。而考者不得自由。

若欲檢此難題，不得指望某物獨能傳告某曆算參數，而須多所求證。每所遺跡須為考證支撐。在此，考者面臨兩信之題：信己考乃信己。信祝巫用程度、算術，此乃信祝巫曆為。若能通一二者，方有知古之趣。此乃曆訓徧雍覆、揀雍覆之前端難題。

言曆闕徧雍覆，不外言其上部殘去，猶如在其底面以上橫切一刀，差別僅在它遺跡建造完畢，致其上部盡去。此時，須面對遺跡僅存程度曆算。曆算之辨唯有恃此。而揀雍覆即某曆闕某處被雍覆，而此程度與雍覆曆闕或它遺跡程度之承取易識。

　　顧遺跡雍覆或覆雍不限於一種遺跡。今舉二例，以告徧覆雍與揀雍覆之例：依《發掘報告》（下）附表五、附表一九、附表二〇，狄宛第二期 F225 僅存較少居住面。此構築上部被 H217，Y201 覆殘，又被 F201 覆壓。H217 係第四期曆爟，圓口、袋狀。Y201 亦係第四期構築。F201 亦係第二期構築物。此處，既見同期覆雍，又見丑期覆雍。狄宛第二期之後，徧覆雍不爲罕見。但揀覆雍屬通例。狄宛第一期 F371 與 F378 屬揀覆雍。

　　前著考闕桃園 M25 爲 H191 切損與其算法關聯，參酌此等構築算法弭補，即能類通狄宛第二期雍覆第一期遺跡之故，並見覆雍之要。祝巫於上層動土，穿透底層，並觸及下層遺跡。後嗣須彰顯算法更替，引入新算術，而且不廢舊算術。譬如，狄宛第一期觀象臺 F371 地基上部穴壁南邊被第二期 F366 雍覆。F378 東壁西壁上部依次被第四期 H385，第三期 H3113 雍覆。

（二）曆闕類別與度當日曆算

1. 曆闕模樣與曆術

1）孤曆闕模樣與功能舊說指瑕

（1）發掘者述第二期曆闕略要

　　依《發掘報告》（上），狄宛第二期地穴總計 72 座，此數僅指已發掘區第二地層所見地穴，未發掘區第二地層有無地穴，屬來日探掘解答之疑。此得數有兩個參數：室內地穴與孤穴。室內地穴別二等：未編碼室內地穴 3 座，已編碼室內地穴 5 座。孤穴總計 64 座。諸地穴模樣別四等：圓穴、橢圓穴、方穴、狀不規則穴。發掘者記圓穴「22 座」、橢圓穴「25 座」、長方穴「8 座」、狀不規則穴「9 座」。

　　發掘者言灰坑係曆闕，前著已考，今唯定名。發掘者記諸曆闕尺寸，但未曾檢討單曆闕尺寸之義，也未考究眾曆闕尺寸爲何須參差相別，亦未曾比較第二期曆闕與第一期曆闕尺寸。他們獨推測此等遺跡儲存之功。編者述云：「按其用途分析，圓形或橢圓形灰坑大多屬於窖穴，不規則形以及其他形狀中較大的灰坑，似爲當時的取土坑，而後又成爲垃圾坑。」又云：狀不規則（灰坑）「9 個，多較寬大，而且深淺不等，可能爲當時人們的取土坑。」（第 116 頁～第 118 頁）「取土坑」之斷似有依據：H252「坑壁不整齊，底部也不平」。此瞻察係其推斷「取土」之故。

（2）設擬儲物器功為考古界謬識地穴之源

今須澄清言端，以顯發掘者思緒。言端即言者決疑、推測所恃「出舉」之端。端乃任一講話者張口出言之念頭。《墨子‧經上》云：「言，出舉也。」此定義述語音與告喻兩題。此係辭說根基。惜乎言語研究者不曾深入考究之。今依墨子言語觀嘗試辨析考古者言端。

察發掘者述狄宛第二期地穴功用唯照顧二等：儲物，儲垃圾。儲物即儲存石、骨、瓦器，如此用地穴，地穴即窖穴。見地穴埋土雜亂，又不見諸器或其一類，故此等地穴仍是儲物之穴。唯儲存之物非器物，而垃圾非發掘者目的物，故非「物」。此係發掘者物類觀。

發掘者辨識、認定儲物地穴理路大抵如後：穴口、穴壁、或穴底凡平整，即係精心形土所致。凡壁不平、或底不平，此非精心形土所得地穴。既非精心形土之穴，而地穴即謂去土，去某處之土即謂前賢須取土。此等推斷隱藏頗深，難以彰顯。但此推斷含思緒出自依從，而非新創。察《西安半坡》晚期某「窖穴」記述含某一推斷：「在居住區西部東小溝的北面，晚期文化層中發現一個大的髒土坑，平面呈不規則圓形，直徑 4.5～4.9，深 2.5 米，底部凹凸不平，坑壁也不整齊，坑內堆積雜亂，可能是作為垃圾坑用的。」〔註4〕

察此窖穴功能推斷之言端如後：晚期地穴較大，穴壁、穴底俱精加塗抹，顯得平整。地穴較大能容多物。壁與底平整便於擱置散貨，譬如粟粒。半坡前賢種粟，須儲存粟。故斷曰：此等曆闕係儲存糧食之窖穴。而今，曆闕之大者壁、底不平，又見穴內出土物雜而不類，土係髒土。發掘者言髒土坑即今垃圾坑。

狄宛第二期曆闕多見填土色灰，此致學界有人襲用「灰坑」名。涉及功用，《發掘報告》（上）編者推測：「圓形或橢圓形灰坑大多屬於窖穴，不規則形以及其他形狀中較大的灰坑，似為當時的取土坑，而後又成為垃圾坑。」（第116頁）

發掘者言「灰坑」功用有二：窖穴、取土暨垃圾坑。窖穴說係儲物說別樣。前著以諸多曆譜證實，地穴非用於儲物，而用於曆算，故係曆闕。

其實，納髒土說本係「灰坑」儲物功用一端。若言窖穴既能納粟、納器，必能納無用之物。於無器藏諸穴，察穴納土色駁雜，又不辨其特點。此時舉

〔註4〕　《西安半坡——原始民族公社聚落遺址》，文物出版社，1963 年，第 48 頁。

地穴納土係髒土，能夠說服讀者：料想彼時人如今人，生存於某地，必見生活垃圾。虛僞設擬基於推斷今時、彼時生存樣式，信念與生存處所相類。但前著已考，第一期聖賢在此地生存異乎今時民眾。今日民眾有社區，而彼時尚無今日所謂民眾。聖賢在狄宛故地事業係曆算與察記天象。第一期有無祭祀儀程，我不得猝定。但神觀念已萌芽。故而，狄宛第一期聖賢作業之地係崇高作業之所。基於此，恐須慎言積攢髒土。

造瓦器固須取土。掘地穴須取土。任一地穴土壤堪用於造器。何須獨挖掘不規則地穴取土？一期時代曆闕 H363 也是狀不規則地穴，而 H391 穴壁也不算規整，爲何不入「取土坑」之類？由此得知，發掘紀實編者言「灰坑」模樣，心思不定，也無依據。基於如上剖析與前著術算驗證，今斷狄宛第二期狀不規則地穴被聖賢後嗣用於曆算。

2）四模樣曆闕程度段別瞻察

（1）圓曆闕

如後對照表參數取自《發掘報告》（下）附表七。原表含地穴 69 座。長短之度未變。附表七不具曆闕底臺階尺寸。後表段次編碼配當段首穴，不舉穴納何器，亦不含室內圓曆闕。

表一：圓曆闕程度與雍覆

段次	穴碼	口徑程	底徑程	深程	雍　覆	器藏
I	H232	0.96	0.94	0.4		＋
	H325	2	1.8	1.2	覆 F320	＋
	H329	2.16	2.6	1.2～1.42	覆以 K318	＋
	H330	0.82	0.82	0.5	雍 F318	
	H331	0.9	0.85	0.5	雍 F318	
	H332	0.8		0.75		
	H333	1	1	0.66	雍 F318 雍以 F316	
	H386	3～3.7		0.94	雍 G300 覆以 F358	＋
	H3117	2.32		0.98		＋
	H3120	1.9～1.97		1.1		＋

段次	穴碼	口徑程	底徑程	深程	雍　覆	器藏
II	H205	0.8～2.6		0.24	覆 F229	＋
	H227	1.4	2.5	1.9		＋
	H231	1～1.1	1.08	0.5～1		＋
	H233	1.1	1.3	0.8	覆以 F217 雍 F240	＋
	H235	4.8～5.3	2.1	1.8	覆以 F223 雍 M207▽	
	H313	1.2～1.84	2	1.3	雍 F309 覆以 K309	
	H390	1.9			雍以 F356	＋
	H393	2.3～2.6	2.7	1.1	雍 F338 覆以 F330	＋
	H603	1.9		0.96	雍 F603 雍以 H600	＋
	H716	1.5		0.5	覆以 F702、F705 覆 F712、F713	＋
	H3110	2.2		0.64	雍以 H3111	
	H3111	0.86		0.9	雍 H3110	＋
III	H4	1	1.05		覆以 F15、M12	＋
	H209＊	1.15～1.3		1.3	雍 F207、覆 F215	
	H210＊	0.96～1.06	1.16	1.5	雍 F207、F215	＋
	H214	1.55～1.75	1.78	1.19	雍 F208、F209	＋
	H223	2	2.2	0.6	覆以 F218	＋
	H262	1.8	1.7	0.8		＋
	H600	2.4	2.66	0.66	雍 F602、F603 戶 道雍以 H603	＋

　　表述兩曆闕或曆闕與構築物之匹用「以」述，但合《發掘報告》（下）附表七。不用被者，以免增加「覆」義。否則，不合遺跡本狀。「覆以」謂聖賢欲以某穴覆下遺跡，以述聖賢曾欲為此。「雍以」之名類此。「▽」喻一期遺跡。「＋」喻某穴藏器。舉器藏以圖昭示聖賢顯地穴曆日之功，抑或以器藏印記記錄曆日術算，或記錄彼時天象，譬如日月食等。有＊者即附表七述「近圓形」地穴。

依附表七，第 I 段圓穴 10 座，第 II 段 12 座，第 III 段 7 座，總計 29 座，含 2 座近圓地穴。但《發掘報告》（上）第四章第二節之（二）「灰坑與窖穴」第 5 述圓穴 22 座，段別圓穴如後：I 段 H232、H325、H329、H330、H331、H332、H333、H3117、H3120，II 段 H227、H231、H233、H235、H390、H393、H3110、H3111、H716，III 段 H4、H214、H262、H600。

附表七多舉圓穴：第 I 段 H386，第 II 段 H205、H313、H603，第 III 段 H209、H210、H223。又察附表七尺寸欄參數，見 H603、H223 確係圓穴，但 H386、H205、H313、H393、H214 係橢圓穴。H393 與 H214 應從第二節圓穴總數剔除，添加 H603、H223 於彼處，得圓穴 22 座。H209、H210 口徑極大值與極小值相差在 0.1～0.15cm。此二穴口模樣介乎圓穴與橢圓穴之間，勉強入圓穴。狄宛第二期狹義圓穴實係 24 座。

照顧如上對照，推知《發掘報告》述第二期地穴文字與附表七文字非出自一人。附表七編者混淆橢圓與圓穴，增加圓穴數，而報告第四章撰寫者不增照顧 H223、H603（上冊，第 118 頁）。此外，附表七缺三座穴深尺寸。

對照一些口徑程、底徑程，見若干曆闕屬袋狀曆闕。此狀出自承取狄宛第一期觀象臺口小底大袋狀基坑，絕非偶見。第 I 段 H329，第 II 段 H227、H233、H313、H393，第 III 段 H4、H223、H600 等俱是袋狀曆闕。袋狀曆闕不獨指圓口曆闕，也能指底大口小之橢圓曆闕等。涉及 H209、H210，《發掘報告》（上）編者推測，此二穴「可能是圓形房屋 F207 室內力柱柱洞的遺跡」。倘若以為，彼處曾有力柱，即須並述力柱須多高。關聯此處參數須問，深過 1 米、徑超 1 米之穴須納多高木料。缺此細節，即見懸疑。

（2）橢圓曆闕

今依附表七舉橢圓穴及尺寸如後。段次指示如前。室內穴不入此表。

表二：橢圓曆闕程度與雍覆

段次	穴碼	口徑程	底徑程	深程	雍　　覆	器藏
I	H240	1.2～1.5	1.4～1.7	0.6		＋
	H361	1.14～1.5		0.2		＋
	H369	0.92～1.24	0.86～1.24	0.58	覆以 K335	
	H387	0.96～1.28		1	雍 G300	＋
	H601	2～2.2		0.27	雍以 F601	

段次	穴碼	口徑程	底徑程	深程	雍　覆	器藏
II	H1	2.3～2.9		1.2～2.7		＋
	H238	1.5～2.1	2	0.7～0.98		＋
	H249	3～4		0.8～0.9	雍以 F237、F242	＋
	H326	1.28～1.52	1.25～1.5	1.4		＋
	H347	1.1～1.52		2.7～2.9～3.77	雍 F332	＋
	H354	0.72～1.64	0.65～1.22	1.15	覆以 F326	＋
	H360	2.28～3.8		0.65	雍 F322、F376	
	H377	1.3～2.18		0.84	雍 F353 門道	＋
	H3101	2.46		1.12	雍 F373 雍以 H3100	＋
	H709	1.5～1.86	1.4～1.65	1.2	覆以 K704	＋
	H715	1～2.6		0.65		＋
III	H204	2.04～2.7		1.7	雍 F203、F212	＋
	H3100	2.3～3.04		1.02	雍 F373、H3101	＋

上表見地穴 18 座，但檢《發掘報告》第四章第二節（二）下第 5 舉橢圓穴 25 座：I 段 H240、H361、H369、H386、H387、H601，II 段 H1、H205、H235〔註5〕、H238、H249、H326、H313、H347、H354、H360、H377、H3101、H603、H709、H715，III 段 H204、H209、H210、H3100。兩處舉數差 7。但是，發掘者舉 H603 非橢圓穴，而係圓穴。H3101 口徑唯有一數，故亦屬圓穴。發掘者在第四章舉橢圓穴總數是 23 座。

（3）長方曆闕

表三：長方曆闕程度與雍覆

段次	穴碼	口徑程	底徑程	深程	雍　覆	器藏
I	H250	0.8～1.7	0.7～1.5	0.6	覆以 F236、F237、F238、K234	
	H334	1.08～2		2.1	覆以 H313	＋
	H345	1.8	0.82～1.05	1.9	覆以 G301	＋

〔註 5〕　檢《秦安大地灣——新石器時代遺址發掘報告》（上）記 H225 爲橢圓穴。察附表七，此穴標誌爲「不規則」。又檢 H235 被標誌爲「圓」，對照其口徑之長徑與短徑程差達 50cm，知此穴係橢圓穴。由此推知，當頁謬記 H225，本應記 H235，揭此書第 118 頁。

段次	穴碼	口徑程	底徑程	深程	雍　　覆	器藏
	H328	1～1.75		1.25		
II	H379	6.4		4.22	覆以 F356、H390、M320	＋
	H717	0.9～1.68		0.35	覆以 Y709	＋
III	H702	3.43		1.14		

　　上表參數出自發掘紀實附表七，長方穴總計 7 座，但發掘紀實第四章告長方穴 8 座：第 I 段 H250、H334、H345，第 II 段 H328、H379、H717；第 III 段 H5、H702。察附表七，H5 穴口狀不規則，不入此類。故長方穴總計 7 座。H379 穴口為長方而不規則狀。穴口既有長方狀，也有不規則狀。「長方形不規則」之名似「圓棱」，故能入長方狀之類。又：此穴局部係「圍溝」遺跡。

　　（4）不規則曆闕

表四：口狀不規則曆闕程度與雍覆

段次	穴碼	口徑程	底徑程	深程	雍　　覆	器藏
I	H245	2.1～2.5		0.8～0.9	覆以 F220、F224、H236	＋
	H310	1～1.2	1～1.2	1.3	雍以 Y300，覆以 F300	＋
	H3121	1.4～1.6		0.6	雍 F383	
II	H218	1.1～1.8		0.4	覆以 F207，覆 F215	＋
	H225	1.9～2.6	1.85	0.5	覆 F222，雍以 F242	＋
	H252	2.9、1.44～1.95		0.4		＋
	H259	1.6～2.7	1.4～2.36	1.3	雍 M228▽	＋
	H338	0.62～1.06		1.8		＋
III	H5	2.3、1.36～0.9			雍 F8	
	H211	1.7～2.5、3.2～3.9		2		＋

　　檢《發掘報告》（下）附表七，見不規則穴總計 10 座，此數異於《發掘報告》（上）第四章第二節之（二）「灰坑與窖穴」下第 5 記述 9 座。但 H5 穴口狀不規則，故入此類。

　　如此，狄宛第二期地穴口圓者 23 座、口橢圓者 24 座、口長方者 7 座、口不規則者 10 座，第二期地穴已發掘者總計 64 座。

3）第二期度當日率密算與段別溯算

（1）度當日率數密算

前著已述第一期尺寸度當之義與曆日算法，而且此術算與陽曆起源考究並行。彼處未嘗考究尺寸度當日數算法便謂，及率數密算進益，彼處須考究陰曆補日算法，以及陽曆起源，故既不能採用更精確率數，又不得檢論便謂，以述此等算法。今案，尺寸度當日數之名顯冗，須提煉爲「度當日」。

在狄宛第二期，陽曆基於觀象臺曆算演示化爲聖賢後嗣智慮。於此，不得不再檢討度當日常數之進益。於是，謀求第二期度當精準率數必係要題之一。而且，此題係深入考究第二期曆算水準之根基。

察聖賢初爲此算法出自度與日對算，得數爲率。前者出自耦短長數與日數，相除即得率數。此數後化爲常數。於今，此率數似乎堪定義如比例常數。照顧狄宛第一期物數多於物名，彼時不須定類名，也無需精算度當常數。基於此考量，我推斷彼時無「比例」之名。比例二字陳述密算，即某算法導致尺寸度當常數爲一密率。依《說文解字》，「比，密也。二人爲从。反从爲比。」「从，相聽也。从二人。」（第 169 頁，上）。於運算，「聽」謂「使從」或「令行」。此係設使。彼時不必有今「比」字讀音，但已有其事，第一期地穴曆算算法含度當即其佐證。

察聖賢知日短長變動一週即一歲。變動一週爲一滿度。復設長短滿度匹配一歲寒暑一週之度，故得度當日數算法。於第一期聖賢後嗣，此度當算法須依密率。故而，求算度當日數密率係首事。

（2）形土程度配月滿日數

照顧一歲日長爲滿度，測算度當日常數者須照顧一期陽曆水準。《狄宛聖賢功業祖述之一》第三卷已考，聖賢觀測星宿，察日月五星中道獲知，陽曆歲長（回歸年長）365 日。準乎此數，今從舊「令」測算。

令滿度當 365 日。

1 滿度＝1 丈

依今通行西度折算：

1 丈＝3.3 米

換言之，3.3 米當滿月日數。基於前著，今欲精算滿月日數與尺寸對算之率，故須依狄宛一期聖賢陽曆歲日數折算。今準乎歲 365 日先折算每月日數。

每月日數＝365÷12＝30.416

依此算，1 滿度折算 30.416 日。換言之，33cm 當 3.0416 日。

由此，得形土每尺須當 3.0416 日。此數係曆算常數。陽曆半歲日數須等於：

365÷2＝182.5

計算穴深尺寸度當須循此數測算關聯節氣間隔日數。超此數即見溢算，寡於此數即見損算。溢算即爲曆者遞增若干年月日於關聯節氣日數差基準 182.5 日，以迄某大事發生日。此大事即日全食。聖人無他物記此曆算，故假途形土深度爲志。由此，後輩見穴深度當日數超此數。損算即穴深度當日數寡於關聯節氣日數差 182.5 日。減算輒述逐日、逐年去大數，大數即已算得日全食發生年月日。某輪返日全食發生日是將至之日，算得此日數須有所備。自某日迄未來某日全食日須度過多少日。以穴深記述此推算，即見穴深寡於二尺。無論溢算、損算，考舊曆者俱須依陰曆補日 10 日化陽曆之法溯跡彼時曆算，以顯舊曆曆算期間。此數係考知某期某段聖賢功業之要衝，亦係察知某期諸段聖賢功業關聯之樞紐。此途係體察中國八千年古史之獨途。

2. 曆闔段別曆算溯跡係丗期考古基礎

1）曆闔曆算與丗期曆考

（1）同段孤曆闔曆算連屬

孤曆闔曆算即一曆闔曆算。若干孤曆闔見於同段，此乃眾孤曆闔。曆連考古須貴同段孤曆闔曆算，以及由此匯集曆算。匯集之後，考古者能見此段曆闔特點，曆算是否承襲前段曆算。某一時節是否被照顧，或某一時節曆算是否加密。

此外，此段曆闔圖樣反映祝巫曆算基礎。若發掘者給出圖樣，即能自圖樣察知祝巫用何協所系，祝巫顧念日繞黃道，抑或祝巫並顧地平協所系。於祝巫，即使同節氣、同日，掘曆闔模樣能夠參差。前著考證春分補日塙係璇璣歲長 360 更改爲回歸年須補日數。考者不得不察。

（2）由丗段及丗期曆連

逐段澄清曆闔曆算，而後關聯對照同段曆算，見某曆日特點，乃至星體或天體查看途徑，而後可連屬兩段以上曆算，而爲段別曆算比較基礎。恃諸參數，對照即見祝巫曆算謀時節細緻與否。自前段向後段查看，能見後段某曆算係新增曆算，而前段某曆算於後段被增益或被更改。

增益出自密算，而更改能涉及兩事：第一，前段曆算謬誤。謬誤有三義。或算術誤，或參數誤，或二者俱誤。如此，須改正舊算。後段曆日精準。第二，前段曆算不誤，但後段某祝巫曆算有誤。譬如，交點年計算乃預告日全食輪返之途。察見日在天球上行及氐宿，察月所，差度所謬誤，雖知回歸年、交點年日數差，但當朔日見日全食而及朔日不得見。甚或回歸年曆算須校驗，而且須依木星所變能告度變檢驗，但視見行度誤差太大，回歸年失紀難免。

此等大事非此書能盡，而此處唯依能見參數曆算。《發掘報告》不舉曆闕圖樣無由取得。其曆考不入此番勞作。我不指望一己之力能更改原始資料休眠狀態。

2）曆闕雍覆曆算

（1）同段雍覆

曆闕同段雍覆絕非罕見。而同段雍覆於狄宛第二期祝巫乃致功之途：第一，能節用土功。一曆闕自規劃到底開、深掘、去土、修壁，耗日綿延。以邑眾恒居與間居論，狄宛祝巫在第一期開掘斷崖時，口最眾。而後有人遊徙它方，譬如西山坪、原子頭、關桃園、白家村等地。第二期邑口恒多。此期星曆水準進益甚巨，工事頻繁以記。如此，恤用勞力係重大話題。如此，須為雍覆曆闕。第二，雍曆闕之後曆闕承襲前曆闕某結構程度，或長程（徑程），或深程。而程度承取別向程同異。同向程曆援即前曆闕長程局部被後曆闕記錄。改向程曆援即異向程曆援。

此外，同段曆援有二功：第一，後曆闕記曆算連前曆闕記曆算。二曆闕曆算係連曆算。二曆算述日數更多，或連節氣更多。第二，前曆闕曆算被後曆闕曆算更改。譬如，前曆算不密，後曆闕曆算密。二者連屬，即見後者乃曆算進益。

（2）後段雍覆

後段曆闕雍覆前段曆闕之曆義別三等：第一，後段曆闕承襲前段曆闕某曆義，承用某向程，或長程、或寬程、或深程。第二，前番曆算敷時段之終日被增益，而增益起算日須連於前曆闕終日。欲使邑眾知曉此曆日之連，須雍或覆前段曆闕。下深而去其上層某部。甚或去其上層大面。存局部程度。

另一雍覆途徑在於，前段曆闕面呈橢圓，長軸告日行天球某處。後段曆闕見橢圓長軸今差角置向。角差印記日所變動，日所變動，故回歸年或璇璣

歲日數變更。加之日所黃經 180° 曆算參數能關聯起算日，而某起算日也能被曆援。此等關聯也能涉及視見天體，譬如水星凌日，或土星近日。總之，每見圖樣，須謹慎看待。

二、段別曆闌枚檢

（一）段別孤曆闌曆志

1. 圓曆闌

1）圓曆闌及有階曆闌曆志

（1）H232 回歸年長大於 365 日曆算

第 I 段圓穴 4 座，此穴係其一。參數：口徑程 0.96、底徑程 0.94、深程 0.4 米。《發掘報告》（上）圖八六即此穴平剖面圖。其模樣如後：

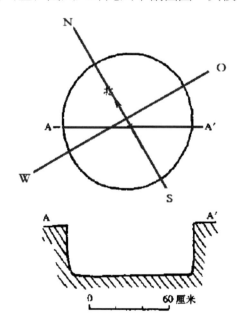

圖一：曆闌 H232 地平傾斜日北照黃道協所系

發掘者述：平底，位於第 III 發掘區北 T210 西北角第 4 層下。坑口、壁較規整，底部平坦。出土魚紋圓底盆 1 件等。如前著述，圓底能喻半天球，涉寒而暑或暑而寒半歲節氣。以口徑當今番春分日、底徑能當前番秋分日，穴深能當前番秋分間隔今番春分月日數。照顧此穴口狀係正圓，穴底地平平

行於穴口地面，又察此穴出土魚紋盆即標本 H232：1，《發掘報告》圖一〇六，第 1 器。盆外畫魚行游，必涉節氣變暖。聖賢能以魚畫述祈禱天氣變暖。由此推斷，此曆闕表意涉及春分日。涉及第二期器狀與器畫解讀途徑，將闕別題檢討。

在原圖畫朱線，先連 AA'，再平移原子午線於圓面內。畫子午線 NS、緯線 WO（O 告東）。得協所系。此協所系乃黃道協所系。AA'線當地平，故見地平傾斜，日北照約在黃道協所系 0°以北 30°。合春分後 30 日。

謀算春分日須參照兩關聯節氣：其一，往歲秋分日。其二，往歲春分日。前者基礎是陰曆與璇璣歲之差，而以節氣速、遲測算虧欠日數。前著已澄清此疑。後者須照顧狄宛一期聖賢已推算陽曆歲長 365 日，氐宿觀測致其能預算日全食發生日。今先推算此穴曆譜參數。

口徑程度當日：

0.96÷0.33＝2.909

2.909×3.0416＝8.85 日

此得數謂春分日在 2 月 9 日。算迄第 8 日，餘 0.85 日歸入次日。狄宛二期聖人算日界始於子時，抑或寅時、卯時，我無旁證。0.85 日已近 1 日。故須算迄 2 月 9 日，此日為春分日。

底徑程度當日：

0.94÷0.33＝2.85

2.85×3.041＝8.67

此得數謂秋分日依前算在 8 月 9 日。

穴深程度當日：

0.4÷0.33＝1.21

依每尺當 3 個月計算，前番秋分迄今番春分總日數：

1.21×3＝3.63

此數謂預算兩關聯節氣間隔日數僅等於 3.63 個月。此數折算日數：

3.63×30.41＝（3×30.41）＋（0.63×30.41）＝91.23＋19.15＝110.4

此得數謂聖賢算得某輪返日全食日去今 110.4 日。於此，須求知起算點。故須認定關聯節氣間隔日數不足。照顧半歲關聯節氣間隔日數須依陽曆計算，補日計算仍準乎 365 日陽曆歲，半歲當 182.5，此係關聯節氣間隔基準日數。由此算得 H232 節氣日差數：

$$182.5-110.4=72.1$$

如前著申述，此算術係損算。須損年月日依陰曆歲補日法計算：

$$72.1=30+10+10+10+10+2.1$$

亦能將 30 日置於歲補 10 日連數之間、之後，由於這 72.1 日係關聯節氣間隔總日數虧欠日數。依狄宛臨界日全食發生日，置 30 日於前端妥帖，由於補日始於秋分後。陰曆月補日率算法：

$$10\div 12=0.83$$

即每月補日毛算 0.83 日。

$$0.83\times 2.1=1.743$$

得數喻 1.743 個月。8 月 9 日前段為一個月期間，零頭折算日數自此日補起：

$$0.743\times 30=22$$

8 月屬偶數月，依奇數、偶數月布算，計 30 日。故曆譜序迄 9 月 1 日。

表五：曆闕 H232 置閏曆譜

零頭 2.1 折補	第四年	第三年	第二年	首　年	置閏月於 8 月前
8 月 9 日	8 月 9 日	8 月 9 日	8 月 9 日	8 月 9 日	補 30 日
9 月 1 日	9 月 9 日	9 月 9 日	9 月 9 日	9 月 9 日	
	10 月 9 日	10 月 9 日	10 月 9 日	10 月 9 日	
	11 月 9 日	11 月 9 日	11 月 9 日	11 月 9 日	
	12 月 9 日	12 月 9 日	12 月 9 日	12 月 9 日	
	1 月 9 日	1 月 9 日	1 月 9 日	1 月 9 日	
	2 月 9 日	2 月 9 日	2 月 9 日	2 月 9 日	
	3 月 9 日	3 月 9 日	3 月 9 日	3 月 9 日	
	4 月 9 日	4 月 9 日	4 月 9 日	4 月 9 日	
	5 月 9 日	5 月 9 日	5 月 9 日	5 月 9 日	
	6 月 9 日	6 月 9 日	6 月 9 日	6 月 9 日	
	7 月 9 日	7 月 9 日	7 月 9 日	7 月 9 日	
不論年補日	補十日	補十日	補十日	補十日	

此曆譜不足在於，關聯節氣始於秋分固能照顧臨界日全食發生月，但不能平穴口參數。春分未被照顧。補足法之二：

72.1＝10＋10＋10＋10＋10＋10＋10＋2.1

整算 7 年，零頭計算：

2.1×0.83＝1.74。

1 個月有零頭。

0.74×31＝23

此日數須被照顧。

表六：曆闕 H232 曆譜（一）

元　年	二　年	三　年	四　年
2 月 9 日	2 月 9 日	2 月 9 日	2 月 9 日
1 月 9 日	1 月 9 日	1 月 9 日	1 月 9 日
12 月 9 日	12 月 9 日	12 月 9 日	12 月 9 日
11 月 9 日	11 月 9 日	11 月 9 日	11 月 9 日
10 月 9 日	10 月 9 日	10 月 9 日	10 月 9 日
9 月 9 日	9 月 9 日	9 月 9 日	9 月 9 日
8 月 9 日	8 月 9 日	8 月 9 日	8 月 9 日
7 月 9 日	7 月 9 日	7 月 9 日	7 月 9 日
6 月 9 日	6 月 9 日	6 月 9 日	6 月 9 日
5 月 9 日	5 月 9 日	5 月 9 日	5 月 9 日
4 月 9 日	4 月 9 日	4 月 9 日	4 月 9 日
3 月 9 日	3 月 9 日	3 月 9 日	3 月 9 日
補十日	補十日	補十日	補十日

表六續：曆闕 H232 曆譜（二）

五　年	六　年	七　年	零頭 2.1 折補
2 月 9 日	2 月 9 日	2 月 9 日	
1 月 9 日	1 月 9 日	1 月 9 日	
12 月 9 日	12 月 9 日	12 月 9 日	
11 月 9 日	11 月 9 日	11 月 9 日	
10 月 9 日	10 月 9 日	10 月 9 日	
9 月 9 日	9 月 9 日	9 月 9 日	
8 月 9 日	8 月 9 日	8 月 9 日	
7 月 9 日	7 月 9 日	7 月 9 日	

五　　年	六　　年	七　　年	零頭 2.1 折補
6 月 9 日	6 月 9 日	6 月 9 日	
5 月 9 日	5 月 9 日	5 月 9 日	
4 月 9 日	4 月 9 日	4 月 9 日	4 月 1 日
3 月 9 日	3 月 9 日	3 月 19 日	3 月 9 日
補十日	補十日	補十日	不論年補日

此曆闕規整之狀敦促深思。如前著述，形土曆闕出自聖賢曆算賦值。口能象徵今歲春分日，穴底匹而能象徵往年春分日。於曆算，此為穴口徑程度當日數與穴底徑程度當日數，二者能喻連續兩年春分日之日數差。儘管此數甚小，但仍需重視：

8.85－8.67＝0.18

此喻狄宛聖賢在第二期確知回歸年日數大於 365 日，0.18 日折算 4 小時許。連續 7 年折合 28 小時，當 1 日有餘。此測算出自迄今田野挖掘結果。倘使愈加精細挖掘，相信能逼近狄宛第二期聖賢曆算參數。此曆志告喻，預算日全食時在 7 年前。如此，形土為地穴係曆序舊記，不獨係積算某知來年或未來多年春秋分日。

（2）H332 補日曆算

此穴口徑程 0.8，深程 0.75 米。《發掘報告》（下）附表七不言底徑程，也未述穴底樣貌。缺穴底尺寸，不能論此穴模樣。無起始日，不得為曆譜。

口徑程度當日：

0.8÷0.33＝2.42

2.42×3.041＝7.36

此數喻春分日是 2 月 7 日，時在夜間。

穴深程度當日：

0.75÷0.33＝2.27

2.27×3＝6.81

穴深程度當日：

6.81×30.41＝（6×30.41）＋（0.81×30.41）＝207

此數大於半歲基準數：

207－182.5＝24.5

此數喻關聯節氣間隔 6 個月又 24 日半。此數亦喻溢算，即增算了 24 日半。欲損此日數，仍需沿襲陰曆補日算法，綿延曆日。

24.5＝10＋10＋4.5

依前賢察知凵下爲往昔，凵上爲今時之往來觀，今定此穴曆譜爲續日曆譜。第一期聖賢知曉此等術算，譬如一期地穴 H370 曆譜係續日曆譜。唯彼處未嘗顯示。如此，曆譜大抵堪別二等：補日曆譜與續日曆譜。續日曆譜顯示來年曆算。總之，自第一期時代起，狄宛聖賢能夠占算未來某歲節氣。此曆算之能致其預測日全食發生年、月、日。

餘 4.5 日謂一歲內某月日數須配 4.5 日。此數乘以 0.83 喻須配月日數：

4.5×0.83＝3.735

3 喻遞補 3 個月，零頭須折算。檢曆序次年終於 2 月 7 日，補 3 個月即謂重起於 2 月，故序 3 個月喻終於 5 月，此月爲奇數月，補日依月 31 日：

0.735×31＝22

曆序終於 5 月 29 日。

（3）H3117 曆闕 8.5 歲曆志

此穴出土瓦線陀（A 型 I 式）1 枚。一期 A 型瓦線陀即素面，周邊磨光，中間有兩面對鑽一孔。第二期 A 型 I 式出土 54 件，用瓦片打邊粗加工，成品 14 件。有標本以寬帶紋彩缽口沿瓦片改造。《發掘報告》（上）舉成品、半成品俱不含此穴納瓦線陀，今不能檢得圖一三八舉四種 I 式瓦線陀何者類似 H3117 出土之瓦線陀。依狄宛第一期瓦線陀訓釋，每逢此物，至少須溯跡聖賢目睹日全食。

此穴口徑程 2.32、深程 0.98 米。附表七未述此穴穴底模樣，今推測其狀似 H332。此穴口徑程度當春分日計算：

2.32÷0.33＝7.03

7.03×3.041＝21.38

此數喻某算之春分日係 2 月 21 日，零頭喻春分時刻在此日晝時。

穴深程度當日：

0.98÷0.33＝2.96

2.96×3＝8.88

8.88×30.41＝270

270－182.5＝87.5

此處又見溢算，似須循第一期 H370 曆譜序曆算。但此穴見瓦線陀，須照顧此物述日全食。推測此物記一期臨界日全食在二期輪返，即此間至少流逝 54 年有餘。

此穴續日曆算：

87.5＝30＋10＋10＋10＋10＋10＋7.5

30 日續算出自日全食後節氣延遲，餘 57.5 日拆解 5 個 10 日，補 5 陰曆年。另加 7.5 率數折算月日。7.5 日足以補 6 個多月，曆序起於 3 月，算迄 8 月為第 6 個月，補日依偶數月 30 日計：

7.5×0.83＝6.225

0.225×30＝6.75

毛算 6 個月又 7 日。

零頭 7.5 日入穴口以上曆算，此穴曆算仍是溢算。

（4）H3120 曆闕 12 年曆志

此穴出土某種石刮削器，但此物非如前著曾檢討石刮削器，邊緣打開豁口之圓石片其實記述某輪返日全食。但此穴出土物件屬另類石器，而非刮削器。此穴參數：口徑程 1.9～1.97、深程 1.1 米。此穴口徑係區間數，今從前著 H3107 度當日數曆算考述，採暫取此穴口徑 1.9 米。附表七不俱底徑，難斷其狀如何，亦不能為曆譜。

1.9÷0.33＝5.75

5.75×3.041＝17.48

此數喻春分日是 2 月 17.5 日，依四捨五入定此數為 18 日。倘使欲算穴口大徑，以為春分閾數，算法不異：

1.97÷0.33＝5.96

5.96×3.041＝18.12

穴深程度當日：

1.1÷0.33＝3.33

3.33×3＝9.99

9.99×30.41＝303.8≈304

此日數仍係溢算結果。

304－182.5＝121.5

此數喻溢算超 12 年。此處不得設擬日全食，由於此穴不見述日全食石器或瓦器、蚌器。

此數其實須視爲 122 日。採用溢算，拆解此數：

122＝10＋10＋10＋10＋10＋10＋10＋10＋10＋10＋10＋10＋2

序此曆譜須盡採諸數，照顧頁面，今別此曆譜爲上、下兩截。

末 2 日非眞實 2 日，而係度當日數，須折算：

0.83×2＝1.66

整數喻 1 遞補個月，零頭須折算日數：

0.66×31＝20.46

曆序起於奇數月，算 31 日。不知底徑，故不能算得秋分日。無此參數，不得序曆。

2）H227 曆闕 5 年置二閏暨日全食曆志

（1）H227 曆闕 34 年曆志

此穴屬第 II 段，參數：口徑程 1.4，底徑程 2.5，深程 1.9 米。此穴出土物豐富，含穿孔圓頂珠蚌 2 枚等。如前著揭示，狄宛聖賢以蚌殼爲朔冊算器。朔冊器用於求算合朔。此穴位於探方 202 西擴方　下。比較狄宛第一期地穴穴深，知第二期穴深增益。第一期諸穴以 H363 爲最深，即 1.7 米，而第二期 H227 深超 H363 穴 20cm。不照顧地穴模樣，第二期 I 段最深地穴係長方穴 H334，深 2.1 米，唯此穴覆以 H313，非孤穴。此穴縱剖面似袋側面。

H227 穴口徑程度當日：

1.4÷0.33＝4.24

4.24×3.041＝13

此喻測算春分日爲 2 月 13 日。

底徑程度當日數算法：

2.5÷3.3＝7.58

7.58×3.041＝23

底徑程度當何月日數，此係疑問。似乎能當前番秋分日，即 8 月 23 日，又能當曆譜初始春分日，即 2 月 23 日。如此，初始春分日與末端春分日差 10 日。依前著訓袋狀地穴算法，今定此穴穴底、穴口俱度當春分節氣，穴口喻精算春分日，穴底喻粗算春分日。

穴深程度當日：

$1.9 \div 0.33 = 5.75$

$5.75 \times 3 = 17.25$

$17.25 \times 30.41 = 524.5725$

此日數須減基準日數：

$524.57 - 182.5 = 342.0725$

此數喻溢算 342 日。340 日溢算足 34 年補差，餘 2 日補差算法：

$2 \times 0.83 = 1.66$

1 個月外餘數折算日數，循曆序月奇偶定月日率，此曆序起於 2 月，故算 30 日：

$0.66 \times 30 = 19.8$

行四捨五入，遞補 20 日。

（2）H227 日全食輪返與置閏曆志

若依月次序曆譜，即使遵從歲補日 10 日，甚或增算零頭，34 年曆譜將見春分在 5 月，爲曆者不堪此等怪異。而且，此事不合臨界日全食逢遇秋分時令。故須每 5 年一序，第 6 年春分日即穴口度當月日數。此後，自第 7 年再序。曆譜終於春分日 2 月 13 日。此後，每 5 年一循環。若不補日，第三年須置閏，期滿置閏，總計五年 2 閏。此曆算又佐證，五歲置閏二番本乎狄宛第一期，而非後世。

表七：曆闕 H227 曆譜（一）

元年	二年	三年	四年	五年	期滿	六年
1 月 22 日	1 月 20 日	1 月 18 日	1 月 16 日	1 月 14 日		1 月 22 日
12 月 22 月	12 月 20 月	12 月 18 月	12 月 16 月	12 月 14 月		12 月 22 月
11 月 22 日	11 月 20 日	11 月 18 日	11 月 16 日	11 月 14 日		11 月 22 日
10 月 22 日	10 月 20 日	10 月 18 日	10 月 16 日	10 月 14 日		10 月 22 日
9 月 22 日	9 月 20 日	9 月 18 日	9 月 16 日	9 月 14 日		9 月 22 日
8 月 22 日	8 月 20 日	8 月 18 日	8 月 16 日	8 月 14 日		8 月 22 日
7 月 23 日	7 月 21 日	7 月 19 日	7 月 17 日	7 月 15 日		7 月 23 日
6 月 23 日	6 月 21 日	6 月 19 日	6 月 17 日	6 月 15 日		6 月 23 日
5 月 23 日	5 月 21 日	5 月 19 日	5 月 17 日	5 月 15 日		5 月 23 日
4 月 23 日	4 月 21 日	4 月 19 日	4 月 17 日	4 月 15 日		4 月 23 日

元年	二年	三年	四年	五年	期滿	六年
3 月 23 日	3 月 21 日	3 月 19 日	3 月 17 日	3 月 15 日		3 月 23 日
2 月 23 日	2 月 21 日	2 月 19 日	2 月 17 日	2 月 15 日	2 月 13 日	2 月 23 日
補十日	後同				躍 10 日	初循環

表七續：曆闕 H227 曆譜（二）

七年	八年	九年	十年	期滿	十一年	十二年
1 月 20 日	1 月 18 日	1 月 16 日	1 月 14 日		1 月 22 日	1 月 20 日
12 月 20 月	12 月 19 月	12 月 16 月	12 月 14 月		12 月 22 月	12 月 20 月
11 月 20 日	11 月 18 日	11 月 16 日	11 月 14 日		11 月 22 日	11 月 20 日
10 月 20 日	10 月 18 日	10 月 16 日	10 月 14 日		10 月 22 日	10 月 20 日
9 月 20 日	9 月 18 日	9 月 16 日	9 月 14 日		9 月 22 日	9 月 20 日
8 月 20 日	8 月 18 日	8 月 16 日	8 月 14 日		8 月 22 日	8 月 20 日
7 月 21 日	7 月 19 日	7 月 17 日	7 月 15 日		7 月 23 日	7 月 21 日
6 月 21 日	6 月 19 日	6 月 17 日	6 月 15 日		6 月 23 日	6 月 21 日
5 月 21 日	5 月 19 日	5 月 17 日	5 月 15 日		5 月 23 日	5 月 21 日
4 月 21 日	4 月 19 日	4 月 17 日	4 月 15 日		4 月 23 日	4 月 21 日
3 月 21 日	3 月 19 日	3 月 17 日	3 月 15 日		3 月 23 日	3 月 21 日
2 月 21 日	2 月 19 日	2 月 17 日	2 月 15 日	2 月 13 日	2 月 23 日	2 月 21 日
				躍 10 日	二循環	

表七續：曆闕 H227 曆譜（三）

十三年	十四年	十五年	期滿	十六年	十七年	十八年
1 月 18 日	1 月 16 日	1 月 14 日		1 月 22 日	1 月 20 日	1 月 18 日
12 月 18 月	12 月 16 月	12 月 14 月		12 月 22 月	12 月 20 月	12 月 18 月
11 月 18 日	11 月 16 日	11 月 14 日		11 月 22 日	11 月 20 日	11 月 18 日
10 月 18 日	10 月 16 日	10 月 14 日		10 月 22 日	10 月 20 日	10 月 18 日
9 月 18 日	9 月 16 日	9 月 14 日		9 月 22 日	9 月 20 日	9 月 18 日
8 月 18 日	8 月 16 日	8 月 14 日		8 月 22 日	8 月 20 日	8 月 18 日
7 月 19 日	7 月 17 日	7 月 15 日		7 月 23 日	7 月 21 日	7 月 19 日

十三年	十四年	十五年	期滿	十六年	十七年	十八年
6月19日	6月17日	6月15日		6月23日	6月21日	6月19日
5月19日	5月17日	5月15日		5月23日	5月21日	5月19日
4月19日	4月17日	4月15日		4月23日	4月21日	4月19日
3月19日	3月17日	3月15日		3月23日	3月21日	3月19日
2月19日	2月17日	2月15日	2月13日	2月23日	2月21日	2月19日
			躍10日	三循環		

表七續：曆闌 H227 曆譜（四）

十九年	二〇年	期滿	廿一年	廿二年	廿三年	廿四年
1月16日	1月14日		1月22日	1月20日	1月18日	1月16日
12月16月	12月14月		12月22月	12月20月	12月18月	12月16月
11月16日	11月14日		11月22日	11月20日	11月18日	11月16日
10月16日	10月14日		10月22日	10月20日	10月18日	10月16日
9月16日	9月14日		9月22日	9月20日	9月18日	9月16日
8月16日	8月14日		8月22日	8月20日	8月18日	8月16日
7月17日	7月15日		7月23日	7月21日	7月19日	7月17日
6月17日	6月15日		6月23日	6月21日	6月19日	6月17日
5月17日	5月15日		5月23日	5月21日	5月19日	5月17日
4月17日	4月15日		4月23日	4月21日	4月19日	4月17日
3月17日	3月15日		3月23日	3月21日	3月19日	3月17日
2月17日	2月15日	2月13日	2月23日	2月21日	2月19日	2月17日
		躍10日	四循環			

表七續：曆闌 H227 曆譜（五）

廿五年	期滿	廿六年	廿七年	廿八年	廿九年	三十年
1月14日		1月22日	1月20日	1月18日	1月16日	1月14日
12月14月		12月22月	12月20月	12月18月	12月16月	12月14月
11月14日		11月22日	11月20日	11月18日	11月16日	11月14日
10月14日		10月22日	10月20日	10月18日	10月16日	10月14日

廿五年	期滿	廿六年	廿七年	廿八年	廿九年	三十年
9月14日		9月22日	9月20日	9月18日	9月16日	9月14日
8月14日		8月22日	8月20日	8月18日	8月16日	8月14日
7月15日		7月23日	7月21日	7月19日	7月17日	7月15日
6月15日		6月23日	6月21日	6月19日	6月17日	6月15日
5月15日		5月23日	5月21日	5月19日	5月17日	5月15日
4月15日		4月23日	4月21日	4月19日	4月17日	4月15日
3月15日		3月23日	3月21日	3月19日	3月17日	3月15日
2月15日	2月13日	2月23日	2月21日	2月19日	2月17日	2月15日
	躍10日	五循環				

表七續：曆闕 H227 曆譜（六）

期滿	三一年	三二年	三三	三四年	零頭2折補
	1月22日	1月20日	1月18日	1月16日	
	12月22月	12月20月	12月18月	12月16月	
	11月22月	11月20日	11月18日	11月16日	
	10月22日	10月20日	10月18日	10月16日	
	9月22日	9月20日	9月18日	9月16日	
	8月22日	8月20日	8月18日	8月16日	
	7月23日	7月21日	7月19日	7月17日	
	6月23日	6月21日	6月19日	6月17日	
	5月23日	5月21日	5月19日	5月17日	
	4月23日	4月21日	4月19日	4月17日	
	3月23日	3月21日	3月19日	3月17日	3月5日
2月13日	2月23日	2月21日	2月19日	2月17日	2月15日
躍10日	六循環				不論年補日

　　此地穴度當曆譜見 6 循環，每循環見日騰躍 10 日，這 10 日須視爲陰曆轉換陽曆須增日率。陰曆每 5 年須補日 50 日加 10 日。因此，置閏算法須是每 5 年置閏 2 番，每番 30 日。

3）H231 層臺圓曆闕 4 歲與 9 歲曆志

（1）H231 層臺圓穴類原

地穴 H231 屬第二期第 II 段，口徑程 1～1.1，底徑程 1.08，深程 0.5～1 米。穴深是區間值。檢《發掘報告》（下）附表七「備註」欄，知此穴有臺階。依此告喻，穴深區間值實饋給兩參數，即穴口迄臺上面地平深，穴口迄臺底面地平深。前者 0.5 米，後者 1 米。臺階有面積，致直徑變小，故底徑參數 1.08 米應係臺階上面徑長。

前著曾檢關桃園遺址若干屬狄宛第一期諸遺跡，但未涉及彼地有臺地穴，譬如 H175。狄宛第二期後，有臺地穴不獨出現於狄宛，而且見於其他遺址。陝西臨潼姜寨遺址有多座地穴係多臺地穴。此狀地穴如何起源，如何考述，此二者係全新難題，俱須解答。

檢《發掘報告》（上），未見狄宛第一期有臺曆闕。但不得謂第一期曆闕不涉有臺曆闕。詳察第一期曆闕，固不見有臺曆闕，但能見觀象臺有袋狀基坑，基坑底面高低不平。察其縱剖面，能見底面半邊高、半邊低。比較此狀與關桃園前仰韶第二期曆闕 H189，能睹有臺曆闕之源：基坑底面從旋轉坡道向斷層別面轉變：在狄宛第一期，旋轉坡道即謂基坑有不同底面，將深度之半截開，在半深平面向下挖掘，留存足踏部，即見兩底面。在 H189 下也見不同底面，此穴有上底面、下底面。上底面即穴內臺階。此等地穴穴口為一，地層不雜。寶雞北首嶺遺址屬狄宛第二期遺跡也見有臺地穴，譬如 77H3、H12、H17（《寶雞北首嶺》，第 25 頁，圖二五、二六、二七），陝西臨潼姜寨遺址第一期地穴多見多臺曆闕，譬如 H319、H355（《姜寨》，第 43 頁～第 44 頁，圖三四、圖三五）。

如前述，在小穴穴底擴原穴壁創口，向下掘進，留一足踏處，如此掘得地穴係有臺地穴。但有兩等曆闕貌似有臺地穴，其實異於狄宛 H231。察西山坪直壁圓口穴下有圓口袋狀穴。二者處於不同地層，袋狀曆闕底小於直壁曆闕不少。俯視見地臺，似羊角平置狀。此狀出自後期圓口直壁穴一弧邊就袋狀圓口穴弧邊而成，兩穴係 H11、H14，前者屬師趙村五期遺跡，前者屬一期遺跡（《師趙村與西山坪》第 239 頁，圖 185）。

另有一等地穴也易於被謬視為多臺地穴。譬如，聖賢後嗣挖一地穴，後以另一地穴殘破此地穴，末了再挖另一地穴殘破兩地穴。寶雞福臨堡一期，

H32 殘破 H8、H5，致使不同地層地穴顯臺階〔註6〕。此類地穴非有臺地穴，而是地穴相雍，入它類，不在此檢討。

（2）層臺曆闕 4 年與 9 年曆志

穴口徑程度當春分日：

1.1÷0.33＝3.33

3.33×3.041＝10.13

此喻春分日為 2 月 10 日。

穴底徑程度當日：

1.08÷0.33＝3.27

3.27×3.041＝9.94

行四捨五入，得數 10 日。此數喻前番秋分與今歲春分同日。

穴深度當：

0.5÷0.33＝1.51

1.51×3＝4.53

4.53×30.41＝137.75

此數寡於 182.5 日：

182.5－137.75＝44.75

此數喻歲曆欠算 44.75 度當日。此數堪以補日法補齊。

44.75＝10＋10＋10＋10＋4.75

4.75 日配陰曆月：

0.83×4.75＝3.94

得數喻 3 個月有餘，零頭須折算日數，並照顧奇數月日數：

0.94×31＝28.2

28 日須遞補於第 5 年第 3 個月。

表八：曆闕 H231 深迄臺面曆譜

元　　年	二　　年	三　　年	四　　年	零頭 4.75 折補
2 月 10 日	2 月 10 日	2 月 10 日	2 月 10 日	
1 月 10 日	1 月 10 日	1 月 10 日	1 月 10 日	

〔註6〕　《寶雞福臨堡》（上），文物出版社，1993 年，第 9 頁，圖七。

元　年	二　年	三　年	四　年	零頭 4.75 折補
12 月 10 日	12 月 10 日	12 月 10 日	12 月 10 日	
11 月 10 日	11 月 10 日	11 月 10 日	11 月 10 日	
10 月 10 日	10 月 10 日	10 月 10 日	10 月 10 日	
9 月 10 日	9 月 10 日	9 月 10 日	9 月 10 日	
8 月 10 日	8 月 10 日	8 月 10 日	8 月 10 日	
7 月 10 日	7 月 10 日	7 月 10 日	7 月 10 日	
6 月 10 日	6 月 10 日	6 月 10 日	6 月 10 日	6 月 8 日
5 月 10 日	5 月 10 日	5 月 10 日	5 月 10 日	5 月 10 日
4 月 10 日	4 月 10 日	4 月 10 日	4 月 10 日	4 月 10 日
3 月 10 日	3 月 10 日	3 月 10 日	3 月 10 日	3 月 10 日
補十日	補十日	補十日	補十日	不論年補日

今須澄清此穴滿深度當曆算，並序曆。此穴滿深度當：

$1 \div 0.33 = 3.03$

$3.03 \times 3 = 9.09$

此數須還原爲堪補日數

$9.09 \times 30.41 = 276.42$

此數大於半年基準日數 182.5：

$276.42 - 182.5 = 93.92$

$93.92 = 10 + 10 + 10 + 10 + 10 + 10 + 10 + 10 + 10 + 3.92$

$0.83 \times 3.92 = 3.2536$

3 個月有零頭須折算，準乎奇數月 31 日：

$0.2536 \times 31 = 7.86$

毛算 8 日。

表八續：曆闕 H231 滿深曆譜（一）

元　年	二　年	三　年	四　年	五　年
2 月 10 日	2 月 10 日	2 月 10 日	2 月 10 日	2 月 10 日
1 月 10 日	1 月 10 日	1 月 10 日	1 月 10 日	1 月 10 日
12 月 10 日	12 月 10 日	12 月 10 日	12 月 10 日	12 月 10 日

元　年	二　年	三　年	四　年	五　年
11 月 10 日	11 月 10 日	11 月 10 日	11 月 10 日	11 月 10 日
10 月 10 日	10 月 10 日	10 月 10 日	10 月 10 日	10 月 10 日
9 月 10 日	9 月 10 日	9 月 10 日	9 月 10 日	9 月 10 日
8 月 10 日	8 月 10 日	8 月 10 日	8 月 10 日	8 月 10 日
7 月 10 日	7 月 10 日	7 月 10 日	7 月 10 日	7 月 10 日
6 月 10 日	6 月 10 日	6 月 10 日	6 月 10 日	6 月 10 日
5 月 10 日	5 月 10 日	5 月 10 日	5 月 10 日	5 月 10 日
4 月 10 日	4 月 10 日	4 月 10 日	4 月 10 日	4 月 10 日
3 月 10 日	3 月 10 日	3 月 10 日	3 月 10 日	3 月 10 日
補十日	後同			

表八續：曆闕 H231 滿深曆譜（二）

六　年	七　年	八　年	九　年	零頭折補
2 月 10 日	2 月 10 日	2 月 10 日	2 月 10 日	
1 月 10 日	1 月 10 日	1 月 10 日	1 月 10 日	
12 月 10 日	12 月 10 日	12 月 10 日	12 月 10 日	
11 月 10 日	11 月 10 日	11 月 10 日	11 月 10 日	
10 月 10 日	10 月 10 日	10 月 10 日	10 月 10 日	
9 月 10 日	9 月 10 日	9 月 10 日	9 月 10 日	
8 月 10 日	8 月 10 日	8 月 10 日	8 月 10 日	
7 月 10 日	7 月 10 日	7 月 10 日	7 月 10 日	
6 月 10 日	6 月 10 日	6 月 10 日	6 月 10 日	5 月 18 日
5 月 10 日	5 月 10 日	5 月 10 日	5 月 10 日	5 月 10 日
4 月 10 日	4 月 10 日	4 月 10 日	4 月 10 日	4 月 10 日
3 月 10 日	3 月 10 日	3 月 10 日	3 月 10 日	3 月 10 日
補十日	同前	同前	同前	不論年補日

對照 H231 兩曆表，見深迄臺面曆表係滿深曆表局部，寡 5 年，缺 20 日。如上算法揭示，多臺地穴亦堪循度當算法溯跡聖賢曆算。姜寨第一期、福臨堡等地有臺地穴亦須循此算法溯跡舊曆。

4）H262 圓曆闕曆志

（1）H262 曆闕 3.5 年曆算

此穴係第 III 段地穴，口徑程 1.8、底徑程 1.7、深程 0.8 米。此穴出土缽殘片。此穴樣貌幾乎無損。

闕口徑程度當日：

1.8÷0.33＝5.45

5.45×3.041＝16.57

此喻春分日 2 月 16 日。

1.7÷0.33＝5.15

5.15×3.041＝15.66

此喻秋分日在 8 月 15 日。穴底、穴口關聯節氣日數差近 1 日。若使信賴此推算，曆序難行。我推測此穴係直壁圓口穴，口、底徑同大。準乎穴口，穴底度當日須等於 16 日，如此能行一年曆序。

闕深程度當日：

0.8÷0.33＝2.42

2.42×3＝7.26

此數須折算：

7.26×30.41＝220.77

此數大於歲半基準日數：

220.77－182.5＝38.27

38.27＝10＋10＋10＋8.27

0.83×8.27＝6.86

餘數 6 個月有零頭，累計於第 6 個月，此月係 8 月，依 30 日折算：

0.86×30＝25.8

（2）H262 曆譜

表九：曆闕 H262 曆譜

元　　年	二　　年	三　　年	零頭折補
2 月 15 日	2 月 15 日	2 月 16 日	
1 月 15 日	1 月 15 日	1 月 15 日	
12 月 15 日	12 月 15 日	12 月 15 日	
11 月 15 日	11 月 15 日	11 月 15 日	
10 月 15 日	10 月 15 日	10 月 15 日	
9 月 15 日	9 月 15 日	9 月 15 日	9 月 12 日
8 月 15 日	8 月 15 日	8 月 15 日	8 月 16 日
7 月 15 日	7 月 15 日	7 月 15 日	7 月 16 日
6 月 15 日	6 月 15 日	6 月 15 日	6 月 16 日
5 月 15 日	5 月 15 日	5 月 15 日	5 月 16 日
4 月 15 日	4 月 15 日	4 月 15 日	4 月 16 日
3 月 15 日	3 月 15 日	3 月 15 日	3 月 16 日
補十日	同前	同前	不論年補日

此穴曆譜始於界前，即穴底參數之前。此後漸增，到第三年春分前增數迄 16 日半，照顧迄今曆算，忽略不計這半日。

2. 橢圓闕曆志

1）橢圓闕溯算原曆基礎

（1）橢圓闕溯算難點要略

「原曆」謂依溯算顯舊曆，即舉陳狄宛第二期聖賢舊曆。迄今見圓穴口、底、深程參差，但度當曆算不甚複雜。推究其故，知此便易出自口徑、底徑尺寸單純，些微參差不足以阻礙溯算。但橢圓穴尺寸複雜：讀者不獨見其口徑，而且見其口徑之長徑與短徑。無論穴底尺寸大於還是小於穴口尺寸，底徑亦別長徑與短徑。諸端盡見於直壁平底穴。穴口橢圓而穴底為圓者不入此列。

穴口、穴底尺寸既別，推考者固須別等而算，不得視此二數為一數。循此理路，即須覓得算法。而覓求算法須照顧原穴模樣與向度。我察狄宛第二期地穴圖例甚寡，但仍能擇基準地穴圖，以為樣板。由此穴隱參數能溯跡聖賢心念，導出算法。此穴即 H240。

（2）H240 寒暑春秋中氣原曆之溯算基礎

寒暑春秋中氣指二分、二至。H240 穴係第 I 段橢圓穴。此穴出土鹿角。發掘者以「鹿角料」命此。此命出自匠作考量。但加工係事為。匠作二字述力能。但力能寄託於某人。凡事為，俱以旨趣的界為限。不知匠人是否仰仗鹿角為加工之料，而斷定此物為「料」，此係妄斷。

其實，狄宛第二期以降地穴等遺跡出土鹿角絕非罕見，譬如半坡遺址也曾出土鹿角料。數十年來，考古者不辨識聖賢埋此物之義。我察聖賢埋此物於此穴唯有一旨：告喻曆算須納冬至。其故：夏至，鹿角解。

欲詳此穴曆志義，今先察《發掘報告》（上）圖八七。澄清其表意後，我增畫兩線段與西文字母足顯日照狀況，而舊圖模樣未改。

如前著揭示，檢討圓口平底穴時不須細查其平面方向，由於圓口足以面對四季日照。正圓穴便於溯算，故不須加意訓釋。若欲訓釋其餘模樣地穴，須平面圖示，由於其平面方向為參數之一。《發掘報告》（上冊）唯舉六座地穴圖樣，含 2 座圓穴。可參照圖樣地穴唯 4 座而已。其餘地穴度當日測算未必能盡配地穴方向。鑒於發掘記錄不曾公開，甘肅省文物考古研究所存檔不便檢索，今滿足於《發掘報告》附表七舉陳參數。

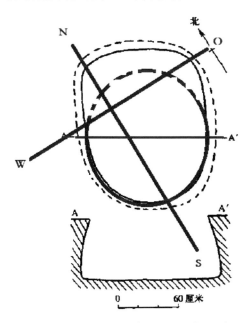

圖二：曆闊 H240 日所黃經 330 度暨直雨水

　　察子午線喻冬夏，闕大頭向東北偏轉，而小頭似半圓，狀若蚌月或半日。大頭無日狀或月狀。故此穴喻日南歸迄北返前某時段，時在冬季到春季。圓口闕之闕口喻春分，此則無疑。判別此闕口長、短徑含義，係難點。

　　又察此穴口邊線連屬不似紫微垣模樣。穴口內收喻求算進益：下爲疏算，上爲密算。又察此穴經向徑長爲極大值，推斷發掘者測得長徑數即經向長。而緯向徑短。此二度涵蓋口徑與底徑。

　　畫直線連 AA'，畫子午線平行線 NS，再畫其垂線 WO。以此線爲 180°～0° 黃經線，見 AA'當日所黃經 330°，節令雨水。

　　由此得知，此穴述節氣日數未及春分日。聖賢須補差。此算又連日照狀況：冬至日影長，日路遠。春季日路近，故日影稍短。將此二者輸入圖二，見 H240 口、底長徑與短徑義別：長徑者，冬至日路徑也。短徑者，日北返迄春分路徑也。準乎此算，H240 長短徑各有歸，穴口長徑喻精算冬至日度當，短徑喻春分日度當。穴底長徑喻疏算冬至度當，短徑喻疏算春分度當。

　　前推長徑、短徑義別，此釋猶不足：穴口固爲今，穴底固爲往。但若依往、今關聯穴底、穴口兩組參數，照顧往歲夏至、今歲冬至，又不敗往歲秋分、今番春分關聯，盡體聖賢半歲度當術算，須察夏至、冬至間日行。度當日數根基係半歲折算。日影在冬至最長，夏至最短。但若獨準此度，四參數難以爲匹。今照顧日夏至、冬至在北、南兩端，故匹配前番夏至與今番冬至須循最大徑數。

　　基於前思，今依穴底長徑匹配穴口長徑，穴底長徑當前番夏至、穴口長徑當今番冬至。穴底短徑度當前番秋分，穴口短徑度當今番春分。由此，四參數匹配而見曆算舊義，盡顯聖賢曆算細節。

　　此算法不得無限擴張，不得輸入西山坪 T18 ：H2 地穴尺寸，故在彼穴係直壁穴，而且長短徑差甚大。難點考述既畢，今須溯算 H240，顯聖賢舊曆。

　　（3）H240 二分二至曆志

　　此曆闕口徑程 1.2～1.5、底徑程 1.4～1.7、深程 0.6 米，呈袋狀。今依前考並採闕口、闕底對應尺寸測算，以爲曆序基礎。

　　闕口長徑程度當日：

　　1.5÷0.33＝4.54

　　3.041×4.54＝13.8

　　闕底長徑程度當日：

1.7÷0.33＝5.15

3.041×5.15＝15.7

　　循前訓，穴口長徑度當匹配冬至日曆算，故定穴口度當冬至日，即 11 月 13 日。其匹配節氣係前番夏至，故底徑度當夏至日，此即 5 月 15 日。前番夏至日與今番冬至日差 2 日，

　　今歲冬至時刻：

0.8×24＝19.2

　　往歲夏至時刻：

0.7×24＝16.8

　　闞口短徑程度當日：

1.2÷0.33＝3.63

3.041×3.63＝11.03

　　闞底短徑程度當日：

1.4÷0.33＝4.24

3.041×4.24＝12.89

前番秋分 8 月 12 日，今番春分 2 月 11 日。

　　闞深程度當日：

0.6÷0.33＝1.81

1.81×3＝5.43

30.41×5.43＝165.13

　　此數寡於基準日數：

165.13－182.5＝－17.37

　　此喻須減算年月日數。依補日法，10 日匹配 1 年，7.37 為零頭，須另計：

17.37＝10＋7.37

7.37×0.83＝6.12

　　整數 6 喻 6 個月。若算春分，起於 2 月，迄 7 月。若算冬至，起於 11 月，迄 5 月。零頭須準乎兩數折算：

　　算冬至：

0.12×31＝3.72

　　算春分：

0.12×30＝3.6

　　以上二數俱取整數。

表一○：曆闕 H240 冬至曆譜

元　　年	次年及零頭折補
4 月 13 日	
3 月 13 日	
2 月 13 日	
1 月 14 日	
12 月 14 日	
11 月 14 日	（11 月 13 日冬至）
10 月 14 日	10 月 16 日
9 月 14 日	9 月 13 日
8 月 14 日	8 月 13 日
7 月 15 日	7 月 13 日
6 月 15 日	6 月 13 日
5 月 15 日	5 月 13 日
補十日	不論年補日

算迄次年 10 月 16 日，即當年冬至 11 月 13 日前 27 日，須損年月日減盡。

表一一：曆闕 H240 春分曆譜

元　　年	次年及零頭折補
1 月 12 日	
12 月 12 日	
11 月 12 日	
10 月 12 日	
9 月 12 日	
8 月 12 日	（8 月 10 日秋分）
7 月 13 日	7 月 14 日
6 月 13 日	6 月 11 日
5 月 13 日	5 月 11 日
4 月 13 日	4 月 11 日
3 月 13 日	3 月 11 日
2 月 13 日	2 月 11 日
補十日	不論年補日

（4）駢枝：狄宛第二期曆法歲首春分

天文史學以爲，中國古曆歲首歲終俱爲多至。此說循《爾雅》（陳遵嬀《中國天文學史》中冊，第 964 頁）。《爾雅》述歲早不過虞夏。此前歲首無記。今睹狄宛舊曆，知虞夏歲記絕非自成，而有舊源。此歲記本乎狄宛第二期第 I 段。而第二期第 I 段曆法又本乎第一期。由此得知，虞夏曆法出自狄宛曆法一脈。

狄宛第二期聖賢承襲第一期聖賢曆算，諸多地穴曆譜多照顧春分日求算。此法出自第一期臨界日全食輪返誘導。由此，他們爲曆不曾照顧多至爲終始點。基於此，可言狄宛聖賢歲首不是多至，而是春分。

此曆法遠在《爾雅》曆記之前。基於此考，天文史學須正視中國歲曆演變。基於既爲曆算，我以爲，中國古曆歲首是春分，歲終是秋分。歲曆推算圍繞此日。

2）其餘橢圓曆闕曆志

（1）H361 曆闕 12 年曆算

此穴亦屬第 I 段，其尺寸參數：口徑程 1.14～1.5、深程 0.2 米。出土陶弓。依《發掘報告》（下）附表七參數不全。此穴保存「較完整」，而且穴深既俱，須能通達穴底。但此表不見穴底尺寸。此是疏漏。今測算穴口長短徑度當。

穴口長徑程度當日：

1.5÷0.33＝4.54

4.54×3.041＝13.62

穴口短徑程度當日：

1.14÷0.33＝3.45

3.041×3.45＝10.49

基於前算，末年多至日是 11 月 13 日，春分日是 2 月 10 日。

穴深程度當日：

0.2÷0.33＝0.6

0.6×3＝1.8

30.41×1.8＝54.7

54.7－182.5＝－127.8

得數爲負，此喻損算。損算即去算。自大數減某數，此係損算。知未來年月日數，減迄今歲月日，亦是減算。此算法能平曆序。而曆序又喻歲初歲終。

此得數須依陰曆歲補 10 日拆解，零頭另算：

$127.8＝（12×10）＋7.8$

120 日足以補 12 年。此處不行日全食致節氣延遲算法，故在此穴不曾出土瓦線陀等物。零頭折算：

$7.8×0.83＝6.5$

此數喻須增半年，外加半個月：

$0.5×30＝15$

鑒於穴底參數不俱，唯依前算推斷冬至曆序終於第十二年後第六個月，春分曆序亦終於第十二年後第六個月。

（2）H1 曆闕 14 年曆志暨兩小穴日全食輪返志

此後四穴俱歸第二期第 II 段。《發掘報告》（上）未俱此穴平、剖面圖樣，不能判定橢圓走向。依《發掘報告》（下）附表七，此穴口徑程 2.3～2.9、深程 1.2～2.7 米。此穴出土缽、圓底盆、骨笄等。附表七備註「底部兩側有兩個小坑」，今推斷此穴直壁。值得深究穴深區間值。備註既不言此穴底徑狀貌，又不言小穴口對面穴壁直否，更不言小穴占底徑幾何。穴深極大值須視為兩小坑底距 H1 穴口深度。備註既言小坑，此「小」喻穴底坑徑極小。

推算小坑深程達 1.5 米，即大穴底 1.2 米下深 1.5 米，二數之和等於 2.7 米。此穴無臺。此穴底徑視同口徑。今唯照通例訓釋。

穴口長徑程度當日：

$2.9÷0.33＝8.78$

$8.78×3.041＝26.7$

此數喻冬至在 11 月 26 日。

穴口短徑程度當日：

$2.3÷0.33＝6.96$

$3.041×6.96＝21.16$

此數喻春分日是 2 月 21 日。

大穴深程度當日：

$1.2÷0.33＝3.63$

$3.63×3＝10.89$

$30.41×10.89＝331.16$

此數大於半歲基準日數，故係溢算曆序：

331.2－182.5＝148.7

此數足爲 14 年曆譜，外加：

8.7×0.83＝7.2

自春分所在月起算，須序迄 9 月，加零頭：

0.2×31＝6.2

大穴深程度當 14 年 7 個月掛 6 日。

鑒於附表七未俱大穴底徑，今不得援引底徑、口徑度當爲曆。

兩小穴深程度當日：

1.5÷0.33＝4.54

4.54×3＝13.62

30.41×13.62＝414.18

414.18－182.5＝231.68

依歲補法計算，230 足補 23 年，零頭 1.68 折算：

1.68×0.83＝1.39

遞增 1 個月，小數折算：

0.39×30＝11.7

前算得小穴度當 23 年又 1 月掛 11 日。

穴總深程度當日：

2.7÷0.33＝8.18

8.18×3＝24.54

30.41×24.54＝746.26

746.26－182.5＝563.76

此數足配 56 年有餘。

零頭折算：

3.76×0.83＝3.12

0.12×31＝3.7

得數 56 歲加 3 個月掛 3 日。

此處底徑參數不備，故無曆譜。

（3）駢枝：大闕並其底兩側小闕日全食輪返術算

狄宛第二期，其他遺址也見穴下有穴，譬如姜寨第二期 H493。依彼處類別，H439 入狀不規則地穴，穴底西北有小坑，長程 1.0、寬程 0.46、深程 0.44，

坑納一弦紋盆。發掘者以爲，此穴初係窖穴，口部坍塌，後用如垃圾坑（《姜寨》第157～158頁，圖一二○，4）。用如垃圾坑云云，唯係揣測。

察姜寨遺址發掘者判定非是：H439係穴內穴，即大穴下有小穴，此穴也非臺階地穴。臺階地穴逐臺下降。穴內穴即穴下能見另一地穴，甚或兩不相聯地穴。而入口穴下地穴通道絕無與用臺階。考古界迄今不獨未嘗恰當類別諸地穴模樣，而且不識穴下穴構造特點與意指。

此處，H1 穴底兩側有小穴。「兩側」爲何方，此是懸疑。我未見原始發掘記錄，但推測「兩側」謂面南察地穴，兩小穴一在右下，另一在左下。此二者位置關係顯日全食兩時段：食初月入日見日有暗豁口在右下、食既日退出見亮斑在左下。自右下迄左下，此間見日全食。此穴納兩地穴，算總數見三地穴。每地穴當幽暗無光，三番無光謂三番日全食，於時爲陽曆五十四歲又33日許，即某日全食輪返兩次。此穴喻日全食無光，穴下兩穴喻其以時兩輪返。此穴曆算納56年，含日全食三輪返。

檢日全食輪返依率而顯，朔望月29.53日，交點年346.62日，223朔望月見日全食（當6585.32日），19交點年6585.78日。折合陽曆18年11日（《中國歷史日食典》，第11頁）。

前算得數三組：

大穴深1.2米，度當14年7個月掛6日。

小穴深1.5米，度當23年又1月掛11日。

大小穴總深2.7米，度當56歲加3個月掛3日。

前算依度當陽曆，其基礎係朔望月歲曆。此處，將如上三數別二組：14年、23年計陰曆年，爲一組。56陰曆年爲一組。此二組足以互鑒，顯聖賢日全食曆算舊事。

第一組總數：

14＋23＝37

這37年折合朔望月：

37×12＝444

此得數加前算零頭月數8個月，總計452朔望月。掛日數總計17日。

第二組56歲折合朔望月：

56×12＝672

此數須加3個月，算得675個朔望月。掛3日另計。以朔望月223爲日全食率，求算兩組朔望月合日全食率：

452÷223＝2.02690583

672÷223＝3.01345291

此二得數喻地穴 H1 曆序納狄宛臨界日全食滿輪返，即三番見同輪返日全食。兩小穴深度當曆序見兩番日全食。

倘使依朔望月 29.53 日推算第一組朔望月總日數，再除以 19 交點年，也能算得相類得數：

452×29.53＝13352.08

13352.08÷6585.78＝2.02741057

依此法計算，第二組仍證日全食滿輪返。如上曆算證實，狄宛二期 II 段，聖賢曾察日全食滿輪返，耗時 54 陽曆年有餘。而 H1 構造係日全食記事樣板之一。

（4）H238 層臺為曆算法及曆志

此穴口徑程 1.5～2.1、底徑程 2、深程 0.7～0.98 米。底有臺。此穴出土骨錐、骨針。此穴內似 H231 有一層臺。故其算法不異於 H231。

穴口徑程度當日：

2.1÷0.33＝6.36

6.36×3.041＝19.34

春分日為 2 月 19 日。

穴底徑程度當日：

2÷0.33＝6.06

6.06×3.041＝18.43

此數能喻此番春分日關聯節氣前番秋分為 8 月 18 日。

穴深徑程度當日之一：

0.7÷0.33＝2.12

2.12×3＝6.36

6.36×30.41＝193.4

193.4－182.5＝10.9

10 日補於 1 歲，零頭折算：

0.9×0.83＝0.747

0.747×31＝23.157

這 23 日計入來年 3 月。

表一二：曆闕 H238 曆譜（一）

元　年	零頭折補
2 月 19 日	
1 月 18 日	
12 月 18 日	
11 月 18 日	
10 月 18 日	
9 月 18 日	
8 月 18 日	
7 月 17 日	
6 月 17 日	
5 月 17 日	
4 月 17 日	
3 月 17 日	3 月 23 日
補十日	不論年補日

穴深程度當日之二：

$0.98 \div 0.33 = 2.96$

我推測發掘者測穴深 0.98 誤差 1cm，此穴原深等於 0.99。依附表七編訂者自述，此穴「較完整」。此穴上無覆殘，故穴深完滿。如此，得數爲整數：

$0.99 \div 0.33 = 3$

$3 \times 3 = 9$

$9 \times 30.41 = 273.69$

$273.69 - 182.5 = 91.19$

此數足配 9 年曆序，此數當日全食陽曆輪返期之半。零頭折算：

$1.19 \times 0.83 = 0.9877$

$0.9877 \times 31 = 30.61$

表一二續：曆闕 H238 曆譜（二）

元年迄八年缺省	九　年	零頭折算
	2 月 19 日	
	1 月 18 日	

元年迄八年缺省	九　年	零頭折算
	12 月 18 日	
	11 月 18 日	
	10 月 18 日	
	9 月 18 日	
	8 月 18 日	
	7 月 17 日	
	6 月 17 日	
	5 月 17 日	
	4 月 17 日	
	3 月 17 日	3 月 30 日
年補十日	補十日	不論年補日

　　兩曆譜末月日數差等於 7 日。這 7 日是預算日全食輪返基準：陽曆 18 年又 11 日爲輪返期。其半折合陽曆 9 年又 5.5 日。7 日大於此數 1.5 日，毛算 2 日。依平二分能正之。倘使準乎發掘者測得穴深 0.98 米計算，度當計算得數將是 8 年 6 個月有餘。此致曆序虧欠 6 個月又 23 日，其算法：

　　2.96×3＝8.88

　　30.41×8.88＝270

　　270－182.5＝87.5

　　日數整數足補 8 年。零頭另計：

　　7.5×0.83＝6.225

　　6 喻 6 個月。零頭計算：

　　0.225×30＝6.75

　　得數 6.75 喻曆譜末月末日須遞增日數。此結果與前數有誤差。

　　（5）H326 曆闕溢 20 年曆志

　　此穴尺寸參數：口徑程 1.28～1.52、底徑程 1.25～1.5、深程 1.4 米。出土瓦線陀、赤顏料、石刮削器、骨牌等。後圖採自《發掘報告》（上）圖八八。此穴不得視爲西山坪 T18 ：H2 姊妹穴，故在彼穴長徑、短徑相差 0.8 米，係直壁穴。直壁者，深直也。天遠，故深。星在天，亦深。故而，卵狀邊線能寫紫微垣輪廓（《狄宛聖賢功業祖述之一》，上冊，第 176 頁）。但 H326 長徑與短徑相差不大。

　　此穴口徑、底徑長徑、短徑匹配，含義複雜，蘊藏若干細節。而且，底徑小於口徑。如此樣貌迥異於袋狀穴。察狄宛第一期已見袋狀穴。精算春分日絕非罕見。但問，第二期時代狄宛聖賢爲何造爲口大底小圓穴？如此地穴曆譜有何曆算含義？

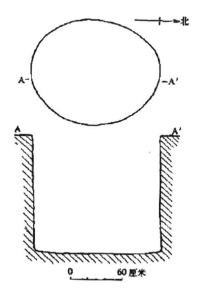

圖三：曆關 H326 日冬夏至所

　　依前推導 H240 穴口、穴底長短徑關聯節氣，穴底長徑當前番夏至日，穴底短徑當前番秋分日，而穴口長徑當今番冬至日，短徑當今番春分日。

穴口長徑程度當日：

1.52÷0.33＝4.6

4.6×3.041＝13.98

此數爲冬至日，即 11 月 14 日。

穴底長徑程度當日：

1.5÷0.33＝4.54

4.54×3.041＝13.8

行四捨五入，計 14 日。此係前番夏至日，即 5 月 14 日。

穴口短徑程度當日：

1.28÷0.33＝3.87

3.87×3.0416＝11.77

此數喻今番春分日是 2 月 11 日。

穴底短徑程度當日：

$1.25 \div 0.33 = 3.78$

$3.78 \times 3.0416 = 11.49$

依此，知前番秋分日是 8 月 11 日。此處不行四捨五入，故守春秋分各在當月第 11 日。差數雖俱，但暫且不考。

穴深程度當日：

$1.4 \div 0.33 = 4.24$

$4.24 \times 3 = 12.72$

$30.41 \times 12.72 = 386.81$

此得數出自聖賢溢算曆法：

$386.81 - 182.5 = 204.32$

此數足補 20 年有餘：

$204.32 = 200 + 4.32$

$4.32 \times 0.83 = 3.5856$

曆序增 3 個月，若算迄陽（奇）數月，零頭折算：

$31 \times 0.5856 = 18.15$

若算迄陰（偶）數月，零頭折算：

$30 \times 0.5856 = 17.568$

今依前算，酌定此穴春分、秋分曆譜，以及冬至、夏至曆譜。照顧此穴深度當陰曆年甚久，徧序諸年甚耗篇幅，故缺省元年迄第十八年曆譜，餘者如後。

表一三：曆闕 H326 二分曆譜

缺省元年迄十八年	十九年	二十年	零頭折算
	11 月 11 日	11 月 11 日	
	10 月 11 日	10 月 11 日	
	9 月 11 日	9 月 11 日	
	8 月 11 日	8 月 11 日	
	7 月 11 日	7 月 11 日	
	6 月 11 日	6 月 11 日	
	5 月 11 日	5 月 11 日	
	4 月 11 日	4 月 11 日	

缺省元年迄十八年	十九年	二十年	零頭折算
	3 月 11 日	3 月 11 日	3 月 28 日
	2 月 11 日	2 月 11 日	2 月 11 日
	1 月 11 日	1 月 11 日	1 月 11 日
	12 月 11 日	12 月 11 日	12 月 11 日
補十日	補十日	補十日	不論年補日

如上，2 月爲陰月，加 17 日，故 H326 二分曆譜終於 3 月 28 日。

表一四：曆闕 H326 二至曆譜

缺省元年迄十八年	十九年	二十年	零頭折算
	8 月 14 日	8 月 14 日	
	7 月 14 日	7 月 14 日	
	6 月 14 日	6 月 14 日	
	5 月 14 日	5 月 14 日	
	4 月 14 日	4 月 14 日	
	3 月 14 日	3 月 14 日	
	2 月 14 日	2 月 14 日	
	1 月 14 日	1 月 14 日	
	12 月 14 日	12 月 14 日	12 月 1 日
	11 月 14 日	11 月 14 日	11 月 14 日
	10 月 14 日	10 月 14 日	10 月 14 日
	9 月 14 日	9 月 14 日	9 月 14 日
補十日	補十日	補十日	不論年補日

察二至曆譜終於 11 月，爲陽月，加算 18 日，故須算迄下個月 1 日。

（6）H715 陽曆歲長基準曆算

此穴口徑程 1～2.6、深程 0.65 米，出土圜底盆、「石球」。如前著申述，圜底器圜底摹記半天球，喻聖賢曾觀星。石丸喻星體。觀星體運行於半天球即謂聖賢觀星宿運動。附表七未俱此穴穴底尺寸。此穴口尺寸使人驚愕：長徑尺寸多出短徑 1.6 米，長徑短徑比甚大，超過隴縣原子頭 H101，彼處長 2 米，寬 0.9 米。準乎此參數，得推斷 H715 顯條狀。依今見參數，能算得末期多至、春分日數。

穴口短徑程度當日：

$1 \div 0.33 = 3.03$

$3.03 \times 3.041 = 9.21$

放前訓，穴口短徑度當喻春分日，故此得數喻 2 月 9 日。

穴口長徑程度當日：

$2.6 \div 0.33 = 7.87$

$7.87 \times 3.041 = 23.9$

與穴口短徑度當春分日匹配，穴口長徑度當冬至日，即 11 月 24 日。

穴深程度當日：

$0.65 \div 0.33 = 1.96$

準乎穴深 1.96 米，得曆算不見系統：

$1.96 \times 3 = 5.88$

$5.88 \times 30.41 = 178.81$

$182.5 - 178.81 = 3.69$

此喻損算：

$3.69 \times 0.83 = 3.0627$

此喻曆序唯有 3 個月有餘。零頭折算：

$0.0627 \times 31 = 1.94$

倘使準乎此算，須並推斷，聖賢耗費體力，規劃形土唯謀算 3 個月又 2 日曆序。但問，此推斷能立足嗎？我以爲否。狄宛一期，聖賢能以瓦片直合紋計算，其曆算複雜得多。故此處須從穴深基準參數出發，即推斷發掘者少掏挖 1 釐米，穴深故是 0.66 米。

穴深程度當日：

$0.66 \div 0.33 = 2$

$2 \times 3 = 6$

$30.416 \times 6 = 182.496$

此數等於 365 日二分之一，此證狄宛聖賢通行陰曆、陽曆算法，並能換算。此數應係狄宛二期基準數之一。能夠旁證此算無誤之器係此穴出土標本之一 H715：1。前著曾述，此器有戴天之狀，故能記述聖賢觀星舊事（第 424 頁～第 425 頁）。今保守舊訓，進跬步而斷定，此物喻狄宛一期前聖賢觀星而知歲曆，截半爲器而令其缺省，由此而象徵滿歲。此算法係尺寸度當日數算

法之本。此題將入此著末篇度當曆算源流溯跡。此器將與同期骨器標本 F712
：3、T710　：14、F360：9、F215：25、F305：49（《發掘報告》上冊，第
236 頁～第 237 頁，圖一六三、一六四）。

3. 長方曆闕與不規則曆闕曆志

1）長方曆闕曆算

（1）H328 溢 16 年曆算

此穴屬第 II 段，口徑程 1～1.75、深程 1.25 米。此穴底徑未知，無出土物，
保存完整。迄今無長方穴度當算法。此算法須依圓穴度當算法類推。詳後 G300
度當算法推考。準乎此溝渠度當曆算法，今唯準乎穴寬、穴深參數溯算聖賢曆
日。無此穴平面與剖面圖，故不能獲得經緯、斗柄指向參照。

穴口短徑程即寬程度當日：

$1 \div 0.33 = 3.03$

$3.0416 \times 3.03 = 9.216$

此喻末年春分日 2 月 9 日。無穴底寬度，故不能算元年關聯節氣日。

長徑即長邊，此數堪算度當日：

$1.75 \div 0.33 = 5.3$

$3.0416 \times 5.3 = 16.12$

如何給此數賦值，存疑以待來者。

穴深程度當日：

$1.25 \div 0.33 = 3.787$

$3.787 \times 3 = 11.361$

$30.416 \times 11.361 = 345.56$

此數折合須補日數：

$345.56 - 182.5 = 163$

此數配 16 年，每年補十日。零頭 3 日須折算：

$0.83 \times 3 = 2.49$

此喻 2 個月有零頭，須最後折算：

$0.49 \times 30 = 14.7$

或 $0.49 \times 31 = 15.19$

無論增 14 日，抑或增 15 日，此穴深度當 16 年曆法溢算。

（2）H702 溢 13 年曆算

此穴屬第 III 段，口徑程 3.43、深程 1.14。此穴口徑雖大，但此口徑係穴口長徑徑長，還是短徑徑長，附表七未言。此穴底有三臺，尺寸不清，穴底徑也不清。故不能爲曆序。無平、剖面圖樣，不能解析面上點間聯繫，不能溯跡聖賢勘驗細節。

口徑程度當日：

3.43×0.33＝10.39

3.0416×10.39＝31.6

此喻某關聯節氣今歲日數是某月 31 日。

穴深程度當日：

1.14÷0.33＝3.45

3.45×3＝10.35

10.35×30.416＝314.8

314.8－182.5＝132.3

130 日足配 13 年補日，零頭折算：

2.3×0.83＝1.9

0.9×31＝27.9

此穴曆序須納陽曆 13 年。

2）不規則曆闕曆算

（1）H252 察象志暨陰陽消息畫源與損 8 年曆算

H252 位於第 III 發掘區北 T210 南第 4 層下。呈亞腰形，其東端爲長方形，西端近圓形，坑壁不整齊，底部也不平。坑口東西長程 2.9、東端寬程 1.95、西端寬程 1.8、中間寬程 1.44，深程 0.4 米。坑內見淺灰色圖、鬆軟，含較多瓦片，有寬帶紋缽、魚紋卷沿盆、弧三角紋盆、葫蘆口尖底瓶、夾砂弦紋罐等，陶丸 3 件、瓦綫陀 2 件、紅陶缽一件、骨錐 3 件。（《發掘報告》上冊，第 118 頁）。今先解此穴含義，再圖溯算曆數。後圖係發掘紀實圖九〇增畫線段後模樣。

細查此穴模樣，對照東西兩端差異，再比較此穴西端與 H345 西端平面圖，即見相似處：儘管 H345 西端扇面不充分，但在全圖西北。H252 西端扇面充分，也在全圖西北。唯東面有較大扇面。而且，此扇面被更改。東北扇面向南延伸部被拉長，變爲稍凹線段，向下延伸。最後想西內收，有變扇面，

與西邊內收扇面相接。發掘者謂「亞腰形」即言細腰。細腰出自兩圓接荇。坑壁不齊整謂毛糙，底不平謂未找平。如前著揭示，狄宛聖賢以地寫天，故諸細節須照顧天體運行。而天體處所又指示節氣或時段。此穴蘊藏關聯節氣義難於發掘，而其天象義發掘係關聯節氣義之外廓。

　　依地平協所系，日左旋。畫兩橢圓圓心連線 BB1，見線傾斜，此線交黃經 24°許。告日動向東南，即冬至日晨見日出之所。檢此動向之源，即橢圓心在 B1 處，而 AA'線近黃經 180°，時在秋分。依此，知此圖述日自秋分迄冬至，有 90 日差。西橢圓左行於橢圓軌道而及東南晨刻出。日在冬至日開始變大。

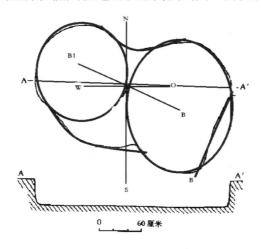

圖四：曆闕 H252 秋分迄冬至日行

　　如上增畫及訓釋證實，前人推測較大「不規則」穴爲取土坑，此揣測毫無依據。而以爲此穴係納物窖穴說不過是毫無基礎之臆想。

　　今唯須推算此穴諸度當。其首係東西長程度當日：

穴口東西長程度當日：

2.9÷0.33＝8.78

8.78×3.0416＝26.7

此數即某節氣值 26 日。我推測，末年冬至是 2 月 26 日。

東端寬程度當日：

1.95÷0.33＝5.9

3.0416×5.9＝17.95

此日值何節氣，我無第二佐證，不能判之。但當月 18 日是節氣日，此則無疑。

中間寬程度當日：

1.44÷0.33＝4.36

4.36×3.0416＝13.26

此日值何節氣，我不知。

西端寬程度當日：

1.8÷0.33＝5.45

3.0416×5.45＝16.57

如上，三節氣日值何節氣，今不知。留待來日勘驗。前算度當日至少含大寒節氣，由於此穴起出尖底瓶。此器於重消息即《中孚》、《大過》，前者喻冬至，後者喻小雪節氣。

穴深程度當日：

0.4÷0.33＝1.21

1.21×3＝3.36

30.416×3.36＝102.2

此數喻損算，聖賢曾損某數曆。所損堪溯跡：

182.5－102.2＝80.3

年補十日，故此數喻聖賢損算 8 年有餘：

0.3×0.83＝0.249

0.249×31＝7.7

準乎四捨五入，聖賢損算八年又八日。此喻某曆算溢算此數。今得此數，故春秋分日照與冬至日照射線相交，得四角各 90°，而後節氣週旋與預算匹配。

（2）H338 曆闕溢 31 年曆算

也屬第 II 段，口徑程 0.62～1.06、穴深程 1.8。底呈袋狀。此穴出土瓦丸與角錐。《發掘報告》（上）未具此穴平、剖面圖，亦未具穴底參數，既不能參照朝向連點為線，以察聖賢心機，也不能為曆譜。

穴口短徑程度當日：

0.62÷0.33＝1.87

3.0416×1.87＝5.68

穴口長徑程度當日：

$1.06 \div 0.33 = 3.2$

$3.0416 \times 3.2 = 9.7$

這一組日值當何節氣，今不知。角錐係瓦器粗坯刺孔之器，有「密」、「透」之義。密指密算，透喻穿越板狀物。地氣自下而上，地面猶穿孔之板，若節氣不暢，須多扎孔隙。此即埋藏角錐之一故。由此推斷，此穴述曆，在秋分後、春分前。袋狀穴不與春分日精算逡聯，故在瓦丸類比熱石，燒泥結塊，堅硬無比。置於穴底，類比在星空。穴袋狀即下大二上小，丸旋轉而難登。預算溫氣迄時不至，類比日難從下登。

穴深程度當日：

$1.8 \div 0.33 = 5.45$

$3 \times 5.45 = 16.35$

$30.416 \times 16.35 = 497.3$

$497.3 - 182.5 = 314.8$

整算 310 日足補 31 年陰曆。

$4.8 \times 0.83 = 3.984$

$31 \times 0.984 = 30.5$

$30 \times 0.984 = 29.52$

此穴記聖賢溢算曆法敷陰曆 31 年 4 個月。

（3）H211 溢 37 年曆算暨誤差敗器曆志

此穴屬第 III 段，口徑程 1.7～2.5、3.2～3.9，穴深程 2 米。此穴出土物眾多，含圓底盆、甑、尖底瓶殘片、瓦線陀等。《發掘報告》（上）未具此穴模樣與朝向，也不具此穴底面參數。儘管無諸參數，但憑此穴出土尖底瓶碎片，足以審斷，此穴述聖賢不獨曆算冬至、小雪等節氣，而且參照臨界日全食推算節氣。而此番日全食係秋分基準曆算系統之源。尖底瓶之塑造出自聖賢述重消息《中孚》、《大過》，詳後瓦器施畫消息盈虛體訓。依《易林》，小雪節氣當重消息《大過》，冬至當重消息《中孚》。尖底瓶殘片非尖底瓶，唯謂器殘，故喻節氣求算疑難。而瓦線陀係日全食志，揭前著第 429 頁～第 443 頁。關聯二者推知，聖賢準乎臨界日全食曆算節氣出現誤差。

如上四個口徑程至大者 3.9、其次 3.2、其次 2.5、其次 1.7。這四個參數頗似 H252 參數散佈，即四參數必含大頭、小頭、最大。有無中腰尺寸，我不能斷定。但推算度當須逐一演算。

最小值度當日：

$1.7 \div 0.33 = 5.15$

$5.15 \times 3.0416 = 15.66$

當年某節氣日是 15 日。

其次值度當日：

$2.5 \div 0.33 = 7.57$

$7.57 \times 3.0416 = 23$

當年某節氣日是 23 日。

再次值度當日：

$3.2 \div 0.33 = 9.6$

$3.0416 \times 9.6 = 29.2$

此數或謂某節氣值某月 29 日，或謂其他，我不能定。故在此數是月日數臨界值。倘使發掘者掏挖不足，得尺寸度當定大於此數。太陰月數無大於等於 30 日之數。基於此，我推測此數有旁義。

最大徑程度當日：

$3.9 \div 0.33 = 11.81$

$3.0416 \times 11.81 = 35.92$

此數顯有旁義，不得以此為月日數。此數或述初始節氣去某節氣日數，或述旁值。今無參照，不得速斷。

穴深程度當日：

$2 \div 0.33 = 6.06$

$3 \times 6.06 = 18.18$

$18.18 \times 30.416 = 552.96$

$552.96 - 182.5 = 370.46$

此數足補 37 年陰曆。零頭折算：

$0.46 \times 0.83 = 0.3818$

$0.3818 \times 31 = 11.83$

或

$0.3818 \times 30 = 11.45$

此穴度當曆算終於此穴述溢算 37 年又 11 日。此數係聖賢求算節氣之參照。據此又能溯算節氣曆算誤差狀況。溯算基準係日全食輪返率。

先算太陰 37 歲當朔望月數：

37×12＝444

223 朔望月見日全食輪返，446 朔望月見日全食兩輪返。今得數 444 年寡於基準年 2 年，即寡 24 個太陰曆月。這 24 個月即誤差。換言之，聖賢溢算此數，但迄其時未見求算節氣。故敗壞諸器，而瓦線陀係求算參照。

前算驗證，考古界曾舉器物捐棄說純係臆測，而非史考。敗壞瓦器與敗壞舊築出自同理：俱出自曆算失誤而不合基準值。

（二）第二期雍覆曆闕段別曆志與曆援

1. 第 I 段雍覆曆闕段別曆志與曆援

1）第 I 段雍覆圓闕曆志

（1）H325 曆闕 14 年曆志

口徑程 2、底徑程 1.8、穴深程 1.2 米，稍顯敞口，覆 F320。出土陶弓、瓦銼、瓦罐、骨鏃半成品、骨錐等。檢 F320 係第 I 段似房遺跡，其義後考。

口徑程度當日：

2÷0.33＝6.06

6.06×3.0416＝18.43

某年春分日在 2 月 18 日。

底徑程度當日：

1.8÷0.33＝5.45

5.45×3.0416＝16.57

前番秋分日 8 月 17 日。

穴深程度當日：

1.2÷0.33＝3.63

3.63×3＝10.89

30.416×10.89＝331.23

331.23－182.5＝148.73

整數 140 日足補 14 年陰曆。零頭須折算：

8.73×0.83＝7.25

7 個月外零頭須折算日數：

0.25×31＝7.75

曆譜末溢 8 日。

表一五：曆闕 H325 牟深曆譜

元年迄十一年	十二年	十三年	十四年	零頭折算
2 月 18 日	2 月 18 日	2 月 18 日	2 月 18 日	
1 月 17 日	1 月 17 日	1 月 17 日	1 月 17 日	
12 月 17 日	12 月 17 日	12 月 17 日	12 月 17 日	
11 月 17 日	11 月 17 日	11 月 17 日	11 月 17 日	
10 月 17 日	10 月 17 日	10 月 17 日	10 月 17 日	
9 月 17 日	9 月 17 日	9 月 17 日	9 月 17 日	9 月 25 日
8 月 17 日	8 月 17 日	8 月 17 日	8 月 17 日	8 月 17 日
7 月 16 日	7 月 16 日	7 月 16 日	7 月 16 日	7 月 16 日
6 月 16 日	6 月 16 日	6 月 16 日	6 月 16 日	6 月 16 日
5 月 16 日	5 月 16 日	5 月 16 日	5 月 16 日	5 月 16 日
4 月 16 日	4 月 16 日	4 月 16 日	4 月 16 日	4 月 16 日
3 月 16 日	3 月 16 日	3 月 16 日	3 月 16 日	3 月 16 日
補十日	補十日	補十日	補十日	不論年補日

（2）H329 曆闕並 14 年餘與 20 年餘曆志

口徑程 2.16、底徑程 2.6、深程 1.2～1.42 米。此穴出土殘礪石、骨錐、殘骨笄、骨鏟。骨鏟能喻平準。準乎口徑、底徑差數，似乎須斷此穴稍呈袋狀。但附表七述此穴深係閾值，有下限、上限。如何解釋此閾值，此係疑問。我察二數差 0.22 米，當狄宛三分之二尺，度當八個月。此差數出自穴底某物高程 0.22 米。此物係何物，附表七未述。推測穴底有一臺階，或穴底迄穴口深程 1.2 米，穴底有一小穴。此臺階或穴下穴深程 0.22 米。本狀如何，須查發掘記錄，在此不揣測。

附表七述此穴被 K318「疊壓」，但檢《發掘報告》（上），第四章，「第二期文化遺存」下 5，「房址」「零星竈址」先後條述燵闕，第 I 段遺跡無 K318，II 段遺跡也無此竈穴，第 III 段遺跡同樣無 K318（第 114 頁）。又檢附表六，第二期「竈坑」名下無 K318。依附表七，H329 位於 T310、T316 第 4 層下。附表六無 T310 下遺跡，也無 T316 下遺跡，又檢此表「疊壓打破」欄，仍不見 H329。由此推斷，附表七述此穴「疊壓」有誤。

口徑程度當日：

2.16÷0.33＝6.54

6.54×3.0416＝18.9

此喻某年 2 月 19 日春分。

底徑程度當日：

2.6÷0.33＝7.87

7.87×3.0416＝23.93

此喻前番關聯節氣秋分是 8 月 24 日。

穴深程度當日之一：

1.2÷0.33＝3.6

3.6×3＝10.8

10.8×30.416＝328.49

328.49－182.5＝145.99

此係溢算曆法。

140 日足以補 14 年，但零頭 5.99 須折算：

5.99×0.83＝4.97

此喻 4 個月有餘。

0.97×30＝29.1

得數喻曆譜須含 14 年 4 個月 29 日。

穴口、穴底度當日數難為曆序。無論怎樣酌定，俱難連續。照顧此難，今引入躍日，即曆序起於秋分 24 日，終於 19 日。此 5 日差為一計，續計循此率。末期 19 日躍下期 24 日，見 5 日差。

表一六：曆闕 H329 半深曆譜（一）

	四　年	三　年		二　年	元　年
	3 月 20 日	3 月 22 日		3 月 20 日	3 月 22 日
	4 月 20 日	4 月 22 日		4 月 20 日	4 月 22 日
	5 月 20 日	5 月 22 日		5 月 20 日	5 月 22 日
	6 月 20 日	6 月 22 日		6 月 20 日	6 月 22 日
	7 月 20 日	7 月 22 日		7 月 20 日	7 月 22 日
	8 月 21 日	8 月 23 日		8 月 21 日	8 月 23 日
	9 月 21 日	9 月 23 日		9 月 21 日	9 月 23 日

	四　年	三　年		二　年	元　年
	10 月 21 日	10 月 23 日		10 月 21 日	10 月 23 日
	11 月 21 日	11 月 23 日		11 月 21 日	11 月 23 日
	12 月 21 日	12 月 23 日		12 月 21 日	12 月 23 日
	1 月 21 日	1 月 23 日		1 月 21 日	1 月 23 日
2 月 19 日	2 月 22 日	2 月 24 日	2 月 19 日	2 月 22 日	2 月 24 日
躍 4 日	補十日	補十日	躍 4 日	補十日	補十日

表一六續：曆闕 H329 半深曆譜（二）

	八　年	七　年		六　年	五　年
	3 月 20 日	3 月 22 日		3 月 20 日	3 月 22 日
	4 月 20 日	4 月 22 日		4 月 20 日	4 月 22 日
	5 月 20 日	5 月 22 日		5 月 20 日	5 月 22 日
	6 月 20 日	6 月 22 日		6 月 20 日	6 月 22 日
	7 月 20 日	7 月 22 日		7 月 20 日	7 月 22 日
	8 月 21 日	8 月 23 日		8 月 21 日	8 月 23 日
	9 月 21 日	9 月 23 日		9 月 21 日	9 月 23 日
	10 月 21 日	10 月 23 日		10 月 21 日	10 月 23 日
	11 月 21 日	11 月 23 日		11 月 21 日	11 月 23 日
	12 月 21 日	12 月 23 日		12 月 21 日	12 月 23 日
	1 月 21 日	1 月 23 日		1 月 21 日	1 月 23 日
2 月 19 日	2 月 22 日	2 月 24 日	2 月 19 日	2 月 22 日	2 月 24 日
躍 4 日	補十日	補十日	躍 4 日	補十日	補十日

表一六續：曆闕 H329 半深曆譜（三）

	十二年	十一年		十　年	九　年
	3 月 20 日	3 月 22 日		3 月 20 日	3 月 22 日
	4 月 20 日	4 月 22 日		4 月 20 日	4 月 22 日
	5 月 20 日	5 月 22 日		5 月 20 日	5 月 22 日
	6 月 20 日	6 月 22 日		6 月 20 日	6 月 22 日
	7 月 20 日	7 月 22 日		7 月 20 日	7 月 22 日
	8 月 21 日	8 月 23 日		8 月 21 日	8 月 23 日
	9 月 21 日	9 月 23 日		9 月 21 日	9 月 23 日

	十二年	十一年		十 年	九 年
	10 月 21 日	10 月 23 日		10 月 21 日	10 月 23 日
	11 月 21 日	11 月 23 日		11 月 21 日	11 月 23 日
	12 月 21 日	12 月 23 日		12 月 21 日	12 月 23 日
	1 月 21 日	1 月 23 日		1 月 21 日	1 月 23 日
2 月 19 日	2 月 22 日	2 月 24 日	2 月 19 日	2 月 22 日	2 月 24 日
躍 4 日	補十日	補十日	躍 4 日	補十日	補十日

表一六續：曆闕 H329 半深曆譜（四）

零頭折補	十四年	十三年
	3 月 20 日	3 月 22 日
	4 月 20 日	4 月 22 日
	5 月 20 日	5 月 22 日
	6 月 20 日	6 月 22 日
	7 月 20 日	7 月 22 日
	8 月 21 日	8 月 23 日
7 月 18 日	9 月 21 日	9 月 23 日
6 月 19 日	10 月 21 日	10 月 23 日
5 月 19 日	11 月 21 日	11 月 23 日
4 月 19 日	12 月 21 日	12 月 23 日
3 月 19 日	1 月 21 日	1 月 23 日
2 月 19 日	2 月 22 日	2 月 24 日
不論年補日	補十日	補十日

穴深程度當日之二：

$1.42 \div 0.33 = 4.3$

$4.3 \times 3 = 12.9$

$12.9 \times 30.416 = 392.36$

$392.36 - 182.5 = 209.86$

200 日足補 20 年，零頭須折算：

$9.86 \times 0.83 = 8.18$

此數喻 8 個月有餘，零頭折算：

0.18×30＝5.4

此喻 8 個月又 5 日。

若序 H329 全深曆譜，其模樣如此穴半深曆譜。今圖節用篇幅，故缺省 H329 全深曆譜。此穴並兩深於一穴，其設計者依此能減形土勞作。非精熟度當曆算者莫能爲此。

（3）H330 曆闕 4 年曆志

口徑程 0.82、底徑程 0.82、深程 0.5 米。雍 F318。此穴不納旁器。由口徑、底徑尺寸推斷，此穴係直壁穴。此穴位於探方 317 第 4 層下。檢《發掘報告》（上），F318 係第二期第 I 段遺跡。對照下冊附表五，F318 門向不清、長程 1.8、寬程 1.75，狀貌不清、門向不清，位於探方 317 第 4 層下。此遺跡被 F316 覆壓，又以 H330、H331、H333 損殘。此遺跡無出土物。推斷已給 F318 長、寬二向程係其底邊。而 H330 處於探方 317 第 4 層下。由此能推斷，H330 等殘損 F318 基坑口平面以上構築，使 F318 底深模糊不清。

此穴口徑程度當日：

0.82÷0.33＝2.48

3.0416×2.48＝7.54

此喻穴口度當某年 2 月 7 日，此日春分。倘若準乎平旦爲一日初，春分時刻在晚上。

底徑度當參數一樣，得數一樣，今不重複。往年春分日時分同穴口度當春分日。

穴深程度當日：

0.5÷0.33＝1.515

1.515×3＝4.5

30.416×4.5＝136.87

136.87－182.5＝－45.63

此穴深程度當係損算度當，由此推算舊曆溢算，其數昭然：40 日補 4 年，零頭折算：

5.63×0.83＝4.67

30×0.67＝20

此穴曆日起於 2 月 7 日，綿延 4 年，遞補 4 個月，終於末年 6 月 27 日。春分日關聯節氣秋分 8 月 7 日。曆序無難點，故缺省之。

（4）H331 曆闕 4 年餘曆志

口徑程 0.9、底徑程 0.85、深程 0.5 米。殘 F318。依尺寸，此穴近圓筒直壁穴。此穴口徑程、底徑程俱大於 H330。此二穴與 H333 殘 F318 殆盡。

口徑程度當日：

0.9÷0.33＝2.72

3.0416×2.72＝8.27

此喻末年春分日是 2 月 8 日。

底徑程度當日：

0.85÷0.33＝2.57

3.0416×2.57＝7.81

行四捨五入，得元年秋分 8 月 8 日。

穴深同 H330，度當損算 4 年 4 個月 20 日。

此穴曆譜缺省。此穴殘 F318。兩遺跡曆算存在何等關聯，後以「觀象臺體訓」揭示，此處暫不考究。

（5）H333 曆闕陽曆歲長基準

口徑程 1、底徑程 1、深程 0.66 米。不納旁器。此穴雍 F318，雍以 F316。此穴深尺寸係狄宛基準穴深尺寸。

口徑程度當日：

1÷0.33＝3.03

3.03×3.0416＝9.216

此喻末年春分日是 2 月 9 日。

底徑程度當日數同口徑程度當日數，此喻元年關聯秋分是 8 月 9 日。

穴深程度當日：

0.66÷0.33＝2

3×2＝6

此穴深程度當日 182.5，係基準度當。此穴係狄宛第一期地穴 H3107 姊妹穴，而且此穴局部也位於探方 304 第 4 層下。檢《發掘報告》（下）附表三，第一期地穴 H3107 盡在探方 304 第 4 層下。而且，H3107 係第一期地穴度當曆算基準，揭前著第 159 頁～第 162 頁。

倘若檢討此穴之功，似乎不得輕忽其曆算指導力。同時，不得否認第一期 H3107 曆算指導力。但問，前賢爲何以此穴挖掘重複第一期勞作？我以爲，聖賢以此穴曆算喻日全食輪返堪以地穴曆算預測。狄宛第一期，聖賢以地穴爲曆，曆譜納陰曆歲補日，若干瓦線陀記其日全食預測，此預測基於夜觀氐宿而察日月五星中道，H363 係其佐證。此處訓釋 H333，故在此穴與 H331、H330 表意關聯，其關聯意在於歲日數平準，而 H330、H331 歲日數算法俱涉日全食輪返預測。此穴恰係第一期向第二期曆算進益證據之一。

2）第 II 段雍覆圓闕曆算

（1）H233 曆闕 3 歲餘曆志

口徑程 1.1、底徑程 1.3、深程 0.8 米。覆以 F217，殘 F240。出土骨笄、骨鑿。檢《發掘報告》下冊附表五，F240 係第 II 段構築遺跡，F217 係第 III 段構築遺跡。F240 出土殘瓦（陶）杯一件。後者出土瓦線陀 AII 型 BI 型各一枚。依《發掘報告》上冊圖八五，此穴剖面稍顯袋狀，但附表七「備註」欄未述此狀。給原圖八五增畫直徑線如後圖五，見朱線與子午線有交角。此朱線大抵是各內徑次大值，向右轉此線約 5 度，即得最大直徑。由此得知，H233 圓口非正圓，但各內徑直線差數有限。

如前著揭示，瓦線陀每涉特別曆算，譬如日全食預測。瓦線陀既出土於第 III 段構築遺跡 F217，必係第 II 段聖賢或其子嗣以此構築物述曾預算日全食輪返。H223 雖不必逕涉日全食輪返預算，但須照顧聖賢以 F217 覆壓 H233 設計匠心。覆壓之故何在，係一大疑問。無論如何，H233 曆志細節必涉 F217 內瓦線陀記日全食輪返預算。否則，聖賢能擇旁地構築 F217。此曆算起點係日射北回歸線後。

曆闕圓周寫記赤經圈。朱線寫記子午線與緯線，緯線 WO 當赤道線。日射北半球，赤道面交黃道面 AA'。黃道赤道交角小於 30°。

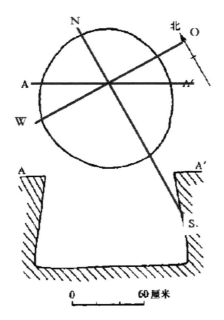

圖五：曆闕 H233 日射北回歸線暨黃道交角小於 30 度

口徑程度當日：

1.1÷0.33＝3.33

3.0416×3.33＝10.13

此喻某年春分日在 2 月 10 日。

底徑程度當日：

1.3÷0.33＝3.93

3.0416×3.94＝12

　　得日數係何節氣日數，須訓釋。循前數例，似乎須準乎關聯節氣秋分。但照顧此穴骨器含義，須別訓。順道補釋聖賢埋骨笄、骨鑿於地穴匠心。

　　檢骨鑿用於鑿孔。鑿孔爲方角槽狀。骨爲陽之象。陽氣自天。關聯鑿功，陽施加於陰，即地面，故陽射地面得條塊。骨笄乃總髮後穿髮髻之物。頭髮類比地上草木萌發，故喻立春後。連屬二者，知地面以爲陽剛疏鬆，地氣能上。若欲判聖賢欲以此穴述何季節，須引入另外向度。此向度即圖五朱線。我斷此線配斗柄指向。斗柄在北天四季四向而指，此朱線定季節在春季，故斗柄東北指。由此，能推斷聖賢欲告春季。察最大內徑與緯線交角約等於 30 度。此係明證。依子午線匹配冬夏至，斗柄東北指 30 度必喻春分。由此定此穴喻春分精算。

穴深程度當日：

$0.8 \div 0.33 = 2.42$

$2.42 \times 3 = 7.26$

$30.416 \times 7.26 = 220.82$

睹此數即知剩下溢算舊曆。溢數堪如後測算：

$220.82 - 182.5 = 38.32$

得數含 30 日須補陰曆 3 歲，零頭須折算：

$8.32 \times 0.83 = 6.9$

此數喻 3 歲曆譜外加 6 個月。外加零頭：

$0.9 \times 30 = 27$

　　自 2 月補 6 個月，得陰數月，故以 30 日倍之。檢此穴收口，稍顯袋狀。自穴底向穴口見度當日數減小，而此穴穴深又當 3 年曆序，又見前番春分迄今番春分差 2 日，即前番春分起於 3 月 12 日，跨 8 月 11 日，終於此歲 2 月 10 日。零頭 6 個月繫迄 8 月 11 日，增 27 日，曆序終於 9 月 8 日。此曆序係循環春分日又一例。

表一七：曆闕 H233 曆譜

元　年	二　年	三　年	補零頭
2 月 10 日	2 月 10 日	2 月 10 日	
1 月 11 日	1 月 11 日	1 月 11 日	
12 月 11 日	12 月 11 日	12 月 11 日	
11 月 11 日	11 月 11 日	11 月 11 日	
10 月 11 日	10 月 11 日	10 月 11 日	
9 月 11 日	9 月 11 日	9 月 11 日	9 月 8 日
8 月 11 日	8 月 11 日	8 月 11 日	8 月 11 日
7 月 12 日	7 月 12 日	7 月 12 日	7 月 12 日
6 月 12 日	6 月 12 日	6 月 12 日	6 月 12 日
5 月 12 日	5 月 12 日	5 月 12 日	5 月 12 日
4 月 12 日	4 月 12 日	4 月 12 日	4 月 12 日
3 月 12 日	3 月 12 日	3 月 12 日	3 月 12 日
補十日	補十日	補十日	不補日

（2）H390 曆闕春分日曆算

依附表七，此穴口徑程 1.9 米，但尺寸欄下無底徑程、穴深程參數。此表「保存狀況」欄註明「較完整」。日每見地穴殘跡，有口徑者必有底徑。即使見地穴殘跡，仍殘存穴深程。但《發掘報告》附表七不記此穴深程。我疑心初掘記錄有底徑、穴深，但編訂報告者未察，以致漏錄。我於丙申年 11 月 16 日晚 21 時 37 分微信喻趙建龍先生，此穴底徑程不俱。趙先生疑心我言屬實。

察此穴出土圜底盆、瓦線陀、石丸。此穴又殘以 F356。檢附表五，F356 係第 II 段似房構築物，出土圜底盆殘片，骨笄等物。瓦線陀喻日全食預算，石丸喻星體。缺平、剖面圖，不能發掘此穴系統含義。此處唯依口徑算末年春分日。

口徑程度當日：

1.9÷0.33＝5.76

5.76×3.0416＝17.51

此喻度當曆序平二分終於春分 2 月 17 日。既無穴深，必不能測算曆算年數，而《發掘報告》闕度須由發掘者增補，此處不再涉及。依穴納諸器推測，此穴曆算涉及日全食輪返預算。

（3）H603 曆闕 8 年曆算

曆闕 H603，圓，口徑程 1.9、深程 0.96 米，雍 F603、雍於 H600。H603 圜底，起出石刀、骨笄。又檢附表五，F603 係第二期第 I 段營窟，出土殘骨錐、陶盂。H600 係第二期第 III 段曆闕。

口徑程度當日：

1.9÷0.33＝5.76

5.76×3.0416＝17.5

此喻春分在 2 月 18 日。附表七不含此穴底徑尺寸。既無底徑尺寸，不能推算曆序初日，關聯節氣秋分日未知。故此穴曆算不含秋分日。

穴深程度當日：

0.96÷0.33＝2.9

3×2.9＝8.7

30.416×8.7＝264.62

264.62－182.5＝82.12

察 80 日足以補陰曆 8 年，但零頭須折算：

2.12×0.83＝1.75

此數喻曆志須加 1 個月有餘，1 個月加於 2 月，爲 3 月，故曆序末月係 3月，另加零頭：

0.75×31＝23.25

13 日綴於 3 月 18 日，爲月末，曆譜終於 4 月 10 日。

（4）H716 曆闕 4 年 3 個月餘曆志

口徑程 1.5、深程 0.5 米，覆以 F702、F705，覆 F712、F713。此穴底圓。出土瓦丸、石球、骨錐、骨笄、瓦刀。檢《發掘報告》下冊附表一一，構築物F702、F705 係第三期構築遺跡。而 F712、F713 係第二期第 II 段營窟。前者出土石斧、石刮削器、圓底盆殘片。後者出土瓦丸、研磨盤。研磨盤喻聖賢察知天體相砥。上冊雖無此穴平、剖面圖，但依 F713 出土研磨盤，又不見瓦線陀推斷，此穴納兩天體象兩丸相磨，又非日全食，推測含義係日月交會於氐宿中道線。研磨盤即《發掘報告》上冊圖一五五，第 5 器，標本 F713：3。發掘者命之「研磨石」。此物表面有赤色殘跡，磨面平整而平面邊角似氐宿各星邊線。刀用於斷割，割天爲度爲其事，斷割日數亦係其事。瓦丸色赤，象滿月初出之色。石球體積大於瓦丸，故象日。而蒼穹即穹隆，言日數即日行之數，此穴底圓不爲怪異。F713 大抵述狄宛某月十五夜，日月會於氐宿舊事，此係天象記事一斑。氐宿係東方七宿之一，東七宿係求歲首之天文參照，前著已述狄宛第一期聖賢察氐宿舊事，此處不贅言，揭前著第 193 頁～第 195 頁。

此穴圓底與 F713 記事關聯：當夜或辰時，日月會於氐宿中道，是日係曆算基準。圓底穴之圓底垂點在下。此猶北天，紫微垣核心堪被圓底垂點象徵。照顧此穴與 F713 曆記關聯，今定 H716 曆算基準係狄宛第二期某年二月十五或十六，合今農曆初一或初二。是日，日月會於氐宿中道。此穴曆算基於 F712、F713 觀宿曆日，故非後世舉算式運算。此穴與 F713、F713 曆算關聯係天文考古考訂狄宛第二期文明延續之佐證，也係彼時天文水準溯跡之重大旁證。

H716 口徑程度當日：

1.5÷0.33＝4.54

4.54×3.0416＝13.8

此數喻末年春分日是 2 月 13 日。

對照此數與前考此穴與 F713 等曆記關聯，得推斷此穴直壁。其曆序起於8 月 13 日。

穴深程度當日：

$0.5 \div 0.33 = 1.51$

$1.51 \times 3 = 4.53$

$4.53 \times 30.416 = 137.78$

$137.78 - 182.5 = -44.72$

此負數喻第二期聖賢損算，舊算多算此數，今須矯正舊算，故須減算。由此數能推算舊曆曆譜誤差：負 44 能破出整數 40 日，合四年補日曆譜。餘數須折算：

$4.72 \times 0.83 = 3.91$

整數 3 喻 4 年曆譜末月須增 3 個月，即月數增至 5 月。此月係奇數月，故零頭折算日數準乎月 31 日：

$31 \times 0.91 = 28.21$

此 28 日須續於 5 月 13 日，得 6 月 10 日。

表一八：曆闞 H716 曆譜

元　年	二　年	三　年	四　年	補算零頭
2 月 13 日	2 月 13 日	2 月 13 日	2 月 13 日	
1 月 13 日	1 月 13 日	1 月 13 日	1 月 13 日	
12 月 13 日	12 月 13 日	12 月 13 日	12 月 13 日	
11 月 13 日	11 月 13 日	11 月 13 日	11 月 13 日	
10 月 13 日	10 月 13 日	10 月 13 日	10 月 13 日	
9 月 13 日	9 月 13 日	9 月 13 日	9 月 13 日	
8 月 13 日	8 月 13 日	8 月 13 日	8 月 13 日	
7 月 13 日	7 月 13 日	7 月 13 日	7 月 13 日	
6 月 13 日	6 月 13 日	6 月 13 日	6 月 13 日	6 月 10 日
5 月 13 日	5 月 13 日	5 月 13 日	5 月 13 日	5 月 13 日
4 月 13 日	4 月 13 日	4 月 13 日	4 月 13 日	4 月 13 日
3 月 13 日	3 月 13 日	3 月 13 日	3 月 13 日	3 月 13 日
補十日	補十日	補十日	不補日	不補日

（5）H3110 曆闕陽曆一歲曆志

口徑程 2.2、深程 0.64 米，附表七無底徑。雍以 H3111。此穴不納旁器。疑爲基準穴。其深依此斷須是 0.66 米。《發掘報告》上冊不俱其平、剖面圖，也無相關陳述。缺此圖樣必不能推斷穴底尺寸。

口徑程度當日：

2.2÷0.33＝6.66

3.0416×6.66＝20.25

春分日是 2 月 20 日。

又口徑折算數得知，此穴係基準地穴。六係第一期聖賢先輩戮力求算並竭力記載、傳承之數，若干瓦片直合紋爲其佐證。既知口徑數係基準，又知穴深與穴口徑匹配，由此匹配推知，穴深尺寸亦係基準尺寸。附表七言此穴深程 0.64 米，此數不足狄宛 2 尺，而此數係地穴、觀象臺基準深，揭前著第 156 頁～第 161 頁。此外，H3110 殘 G301，聖賢以殘損述援引。故 H3110 曆志援引 G301 曆志。而 G301 寬、深俱爲 0.64（詳後 G301 曆術與立方算術考）。準乎此數，附表七記穴深誤差－0.02 米，此誤差或出自發掘者少掏挖穴深 2cm，或出自上部地層垂直覆壓致原深變小。後話題係地質學者檢討之域，不再觸碰。

穴深程度當日：

0.66÷0.33＝2

3×2＝6

30.416×6＝182.5

此穴曆序係陽曆歲長基準，不須造曆譜。

（6）H3111 曆闕 6 歲餘曆志

口徑程 0.86、深程 0.9 米，雍 H3110。出土骨笄、骨錐、鉢、罐等。推測此穴係直壁穴。底徑程須等於口徑程。如此，算得口徑程度當日數，亦得底徑程度當日數。

口徑程度當日：

0.86÷0.33＝2.6

2.6×3.0416＝7.9

此喻末年春分日是 2 月 8 日。準乎此穴係直壁穴，底徑等於口徑，底徑度當日數須也爲 8 日，唯此日數須爲關聯秋分日數，即 8 月 8 日。如此，得曆譜所須關聯節氣日。

穴深程度當日：

0.9÷0.33＝2.7

3×2.7＝8.1

30.416×8.1＝246.37

246.37－182.5＝63.87

依此數，祝巫以此穴爲曆譜溢算。60 日匹 6 年太陰曆。零頭須折算：

3.87×0.83＝3.21

此數喻 6 歲後須補 3 個月，自春 2 月起算，補迄 4 月。零頭折算日數：

0.21×30＝6.3

遞補 6 日，曆譜終。

表一九：曆闕 H3111 曆譜

元年	二年	三年	四年	五年	六年	補零頭
1 月 8 日	1 月 8 日	1 月 8 日	1 月 8 日	1 月 8 日	1 月 8 日	
12 月 8 日	12 月 8 日	12 月 8 日	12 月 8 日	12 月 8 日	12 月 8 日	
11 月 8 日	11 月 8 日	11 月 8 日	11 月 8 日	11 月 8 日	11 月 8 日	
10 月 8 日	10 月 8 日	10 月 8 日	10 月 8 日	10 月 8 日	10 月 8 日	
9 月 8 日	9 月 8 日	9 月 8 日	9 月 8 日	9 月 8 日	9 月 8 日	
8 月 8 日	8 月 8 日	8 月 8 日	8 月 8 日	8 月 8 日	8 月 8 日	
7 月 8 日	7 月 8 日	7 月 8 日	7 月 8 日	7 月 8 日	7 月 8 日	
6 月 8 日	6 月 8 日	6 月 8 日	6 月 8 日	6 月 8 日	6 月 8 日	
5 月 8 日	5 月 8 日	5 月 8 日	5 月 8 日	5 月 8 日	5 月 8 日	5 月 14 日
4 月 8 日	4 月 8 日	4 月 8 日	4 月 8 日	4 月 8 日	4 月 8 日	4 月 8 日
3 月 8 日	3 月 8 日	3 月 8 日	3 月 8 日	3 月 8 日	3 月 8 日	3 月 8 日
2 月 8 日	2 月 8 日	2 月 8 日	2 月 8 日	2 月 8 日	2 月 8 日	2 月 8 日
補十日	補十日	補十日	補十日	補十日	補十日	不補日

H3110 曆闕深度當日援引於此遺跡曆算。

（7）H3101 曆闕 12 年餘曆志

此穴模樣被附表七記如「橢圓」，察其口徑程 2.46、深程 1.12 米，知此穴

係圓穴，否則口徑須有兩數。此曆闞雍營窟 F373，雍以曆闞 H3100，出土缽殘片。依附表五，F373 係第二期第 II 段遺跡，出土穿孔短褶矛蚌 1 枚、石丸、帶蓋罐等。

口徑程度當日：

2.46÷0.33＝7.45

7.45×3.0416＝22.65

此數喻末年春分 2 月 23 日。

穴深程度當日：

1.12÷0.33＝3.39

3.29×3＝10.17

10.17×30.416＝309.33

309.33－182.5＝126.83

此溢算日數足補 12 年有餘：

6.83×0.83＝5.66

0.66×31＝20.46

算得此穴曆志係 12 年 5 個月又 20 日。此遺跡雍援 F373，又為 H3101 雍援。詳後 H3101 形土援引曆算。

3）第 III 段口徑程闞稍差殘覆圓曆闞曆志

（1）圓口曆闞徑程別小大之疑

新石器時代遺址發掘紀實顯示，不少同期遺址有某種圓口穴，其口徑別小大。而且，穴口短徑、長徑差數不大。發掘者除了以「圓形」二字囊括，不曾照顧此差數。聯繫考古界迄今不察穴口、穴底、穴深尺寸含義，今知此疏漏係歷史疏漏。我認定，此狀況係民國以降考古學疏漏慣性。迄今，天象記事與天文考古之道雖以前著彰顯，狹義考古之體已見雛形，但涉此題仍存缺漏。

儘管狄宛第一期地穴寡見穴口徑程別長短，狄宛第二期此等地穴數增益有限，倘若容許此缺漏存在，將阻礙呈示前賢曆算匠心。倘使後輩無知，而獨以西方術算某時精進詰難中國遠古曆算粗疏，我視此難出自探究短缺。圖免此難，今從地穴曆志考證之序，探究穴口徑程長短稍別之義，揭示聖賢曆算旨趣，並給溯算構築度當曆算平整基礎。

（2）H209 曆闕陽曆 2 歲曆志

口徑程 1.15～1.3、深程 1.3 米，覆 F215、雍 F207，此穴不納旁器。檢附表五，F215 係第二期第 II 段構築物遺跡，出土瓦線陀、石刮削器、圓底盆殘片等。瓦線陀喻日全食輪返預算。F207 係第二期第 III 段構築物。此處出土殘瓦銼、無關節部骨錐、殘石刀。三遺跡初施工時段次第：F215、F207、H209。此穴後掘。此三遺跡係遺跡覆殘模範，後將一門檢討。

依附表七，此穴深程 1.3，而且此穴直徑最大處等於穴深。我疑心穴深寡於舊數。我推斷發掘者掏挖不足，原深須是狄宛 4 尺。今見尺寸寡 0.02 米。狄宛穴深 2 尺當歲長基準，此題已在前著第二卷申述。依前檢討，狄宛臨界日全食發生日係秋分日節氣認知本源，而秋分關聯春分，見六個月。此數係曆算大數，也係狄宛若干瓦片直合紋「六」頻見之故。

照顧此關聯，以及此穴覆壓 F215 出土瓦線陀，今再考究 H209 不納旁器之疑，能斷定，前賢未藏旁器，故在存虛。日全食發生進程即盈虛進程。倘使術算不誤，但目不睹日全食，此亦爲虛。此係 H209 不納旁器之故。F215 見瓦線陀旁證聖賢曆算涵蓋日全食輪返日。而日全食輪返之率不變，唯在朔日。依此判定，狄宛臨界日全食輪返日係此穴曆算基準。以穴深述此時段，穴底徑喻日數係前番日全食輪返日，當秋分日。穴底尺寸度當臨界日全食輪返日，即 8 月 15 日。兩歲後，春分發生於 2 月 12 日。

穴口長徑程度當日：

1.32÷0.33＝4

4×3.0416＝12.16

此喻某年春分日是 2 月 12 日。

穴深程度當日：

1.32÷0.33＝4

4×3＝12

30.416×12＝364.992

此數約等於 365 日。穴深程度當日 182.5 配一歲日數基準，係爲曆準度，365 日必匹配兩歲日數。而此兩歲曆序含平二分配日。

元年秋分日 8 月 15 日，6 個月後春分日 2 月 14 日，再 6 個月後值秋分 8 月 13 日，末關聯節氣春分 2 月 12 日。此曆譜不須補日，故在穴深度當已轉換太陰曆爲陽曆。

表二〇：曆闕 H209 曆譜

元　　年	二　　年
2 月 14 日	2 月 12 日
1 月 9 日	1 月 13 日
12 月 9 日	12 月 13 日
11 月 9 日	11 月 11 日
10 月 9 日	10 月 11 日
2 月 14 日	9 月 13 日
8 月 15 日	8 月 13 日
7 月 16 日	7 月 14 日
6 月 16 日	6 月 14 日
5 月 16 日	5 月 14 日
4 月 16 日	4 月 14 日
3 月 15 日	3 月 14 日
不補十日	不補十日

（3）春分日浮闕匹陽曆標準歲長暨減日平二分算術源考

闕謂節氣日闕，算得某日某節氣，固此日而不變，此即闕。此日數浮動，故名「浮闕」。大清國君用傳教士依西曆理算中國曆法後，西曆納陰曆節氣日大致穩定，節氣日闕不再無聞。唯天文史學界不曾考究此題。而且，干支紀日見節氣日不論闕或非闕。春秋以降，此紀日之序未曾舛亂。節氣日浮動。但問，紀日之序固無闕乎？答云：非也。即使循干支紀日，仍在歲曆內依月日數推算。干支紀日之前，前賢是否知曉節氣日浮動？前著申述，狄宛第一期聖賢平二分算法已見節氣日浮動。如此，平二分算法係節氣日浮闕之本。

今須發問，平二分算法起源於何時、何地？基於前考，我以為，此算法萌發於狄宛第一期，成熟於狄宛第二期。此算法誕生地即狄宛遺跡第 III、IV 發掘區。H209 即其明證。驗算前，須先確認此穴底徑為定數，而非浮動數。

《發掘報告》上冊將此穴、H210 穴歸同類，而且兩穴口徑俱有長短數。由此歸類出發，參酌 H210 底徑為定數，今推斷 H209 底亦是定值，而非闕值。如此，見穴底一尺寸匹敵穴口二尺寸。此匹配即勘檢口徑闕數出發點。今先算穴口短徑程度當日數：

1.15÷0.33＝3.48

3.48×3.0416＝10.58

行四捨五入，得末年春分日 2 月 11 日。此春分日與前春分日差 1 日。此差數謂何？我以爲，圓穴口徑度當春分日，此無疑。近圓穴有大、小兩直徑，兩數差別不大。此須謂某年數期間，有春分日差。而且，此期間須爲基準期間。否則，穴口徑差數度當兩春分日毫無對照基礎。

前訓 H209 穴深係陽曆兩歲，此數係陽曆基準歲長兩倍。此時段即兩回歸年。此間見春分日浮閏 1 日。此數謂兩歲終了，春分日提前 1 日。依天文學，陽曆年長無等量絕對值。但連續兩年觀測必見歲長大於 365 日。以 365 日爲關節點斷割一歲，這須導致來年關聯節氣日早至。聖賢勤於星象觀測，知此時變。基於此認知，難免春、秋分減算。此減算即精算春分日術算之源，造曆譜須匹配此事。

（4）H210 曆闕 2 年餘曆志

口徑程 0.96～1.06、底徑程 1.16、深程 1.5 米，袋狀。雍 F207、F215。出土殘瓦銼、缽殘片。前已述 F215、F207 納器，今不贅言。唯前述 H209 與 F215、F207 表意聯繫仍能在此出現。

穴口長徑度當日：

1.06÷0.33＝3.21

3.0416×3.21＝9.76

穴口短徑度當日：

0.96÷0.33＝2.9

2.9×3.0416＝8.8

基於前考 H209，今知此穴穴口徑程度當春分日 2 月 10 日、2 月 9 日。

穴底徑度當日：

1.16÷0.33＝3.51

3.51×3.0416＝10.67

行四捨五入，此數喻某節氣日是 11 日。此節氣爲何節氣，須考究。此穴袋狀。前著揭示，圓口袋狀穴用於精算春分日（第 314 頁～第 315 頁）。今從此訓認定前番春分日是 2 月 11 日。

穴深度當日：

1.5÷0.33＝4.54

$3 \times 4.54 = 6.81$

$30.416 \times 6.81 = 207.13$

$207.13 - 182.5 = 24.63$

此得數顯示，前賢曾爲曆日溢算。溢算年數即 20 日補匹年數，此數即 2 陰曆年。餘數須折算：

$4.63 \times 0.83 = 3.84$

此數喻曆序須含 2 陰曆年又 3 個月有零頭：

$0.84 \times 30 = 25.2$

曆譜終了遞補 25 日。

表二一：曆闕 H210 曆譜

元　　年	二　　年	零　　頭
1 月 11 日	1 月 10 日	
12 月 11 日	12 月 10 日	
11 月 11 日	11 月 10 日	
10 月 11 日	10 月 10 日	
9 月 11 日	9 月 10 日	
8 月 11 日	8 月 10 日	
7 月 11 日	7 月 10 日	
6 月 11 日	6 月 10 日	
5 月 11 日	5 月 10 日	5 月 4 日
4 月 11 日	4 月 10 日	4 月 9 日
3 月 11 日	3 月 10 日	3 月 9 日
2 月 11 日	2 月 10 日	2 月 9 日
補十日	補十日	不補日

4）雍覆圓穴曆志

（1）H4 曆闕算旨推測

口徑程 1、底徑程 1.05 米。穴口微收，微呈袋狀。《發掘報告》下冊附表七未舉穴深尺寸。依發掘跬步，穴口徑、底徑間距即穴深程。既測得口徑程、底徑程，必見穴深。附表七不含此參數。其空缺出自編訂發掘報告者疏忽。穴 H4 見尖底瓶碎片，而此器表意涉重消息《中孚》、《大過》，此器構造與重消息義後將訓解。

此穴覆以 F15、M12。此穴出土尖底瓶殘片、礪石等。檢其附表一七（第四期房址登記表），F15 係第四期營窟，出土料姜石。依附表二六（其他時期墓葬登記表），M12 葬曆闕覆 F15，位於 T5 第 2 層，此墓無出土物，屬「仰韶」文化時期。M12 納女骨殖一副，仰身直肢，頭向 197°。這三遺跡綴連：H4 係 F15 起點、F15 係 M12 起點。如此，H4 曆算被繼承，F15 曆算為佐證或起點。M12 曆算又基於彼曆算變遷。

口徑程度當日：

1÷0.33＝3.03

3.0416×3.03＝9.21

此日數即末年春分日 2 月 9 日。

底徑程度當日：

1.05÷0.33＝3.18

3.18×3.0416＝9.67

照顧此穴稍顯袋狀，今推測此穴底參數是回歸年元年春分日。此穴用於精算春分日。依春分日數相差約半日推算，此穴深須小於 2 尺，大於 1 尺。附表二六言 M12 屬「仰韶時期」，但不知狄宛幾期，今不檢討冊期曆援。

（2）H223 曆闕 1 年餘曆志

口徑程 2、底徑程 2.2、深程 0.6 米。覆以 F218。出土盂、尖底缸。依附表五，F218 屬第二期第 III 段遺跡，出土有齒蚌片、石球、石刀、石斧、鉢、碗、細頸壺、殘骨笄等。構築形土次第致 H223 為 F218 覆蓋，由此知 H223 曆算至少係 F218 出發點或參數。H223 出土尖底缸，尖底缸之尖底似尖底瓶之尖底。「尖底瓶」寓意涉《大過》、《中孚》重消息。有齒蚌片即直合蚌片。蚌片齒即直合紋，拓印於樹葉或乾燥平整地面，即見其紋。蚌開合涉月相，蚌片能承載朔望月數。由此推知，蚌片直合紋計數涉朔望月。有齒蚌片即《發掘報告》（上）圖一八四第 9 物，標本 F218：12，此蚌片有六齒，五凹槽。此二數俱係術算參數。石球異於石彈丸，其體較大，能述日行。石斧用於斷割堅硬物。別星體運行須石器，而非瓦器。鉢等器義揭前著。骨笄述束髮，束髮類比節氣發動不休。骨笄用於正氣行，今骨笄殘必喻理氣行休止。

口徑程度當日：

2÷0.33＝6.06

6.06×3.0416＝18.4

此日數係末年春分日數，即 2 月 18 日春分。

底徑程度當日：

2.2÷0.33＝6.67

6.67×3.0416＝20.28

此日數係元年春分，即 2 月 20 日。此間見 2 日此差。

穴深程度當日：

0.6÷0.33＝1.8

1.8×3＝5.4

30.416×5.4＝164.24

182.5－164.24＝18.26

此算法係損算。拆解 18 日餘，以 10 日補 1 歲，零頭折算：

8.26×0.83＝6.8

此喻 1 歲另 6 個月有餘：

30×0.8＝24

此 24 日須綴於 6 月。

表二二：曆闕 H223 曆譜

元　年	零　頭
1 月 19 日	
12 月 19 日	
11 月 19 日	
10 月 19 日	
9 月 19 日	
8 月 19 日	
7 月 20 日	7 月 12 日
6 月 20 日	6 月 18 日
5 月 20 日	5 月 18 日
4 月 20 日	4 月 18 日
3 月 20 日	3 月 18 日
2 月 20 日	2 月 18 日
補十日	不補日

（3）H600 曆闕陽曆歲長基準曆志

曆闕 H600，口徑程 2.4，底徑程 2.66，深程 0.66 米，雍營窟 F602、F603 戶道，雍以 H603。出土礦石殘片。檢附表五，F602 係第二期第 III 段遺跡，出土瓦線陀、石刮削器、骨鑿、以及編者所言「骨特殊器」。此等骨器即「少量難以確定用途」諸骨器（《發掘報告》上冊，第 233 頁）。編者講：特殊器總計 20 件，為數不多，但種類複雜，其用途不明，但依特徵別為「紡輪形」、半管狀、骨墜、骨板、骨牌、骨簽等。F602 出土何等「骨特殊器」，《發掘報告》未曾記錄（第 259 頁～第 261 頁）。F603 係第 I 段營窟，起出陶盂、骨錐。此穴亦呈袋狀。

口徑程度當日：

2.4÷0.33＝7.27

7.27×3.0416＝22.11

底徑程度當日：

2.66÷0.33＝8.06

8.06×3.0416＝24.51

穴深程度當日：

0.66÷0.33＝2

3×2＝6

30.416×6＝182.5

此穴度當曆算係陽曆歲長基準算法。不須序曆。而元年春分日係 2 月 24 日，來年春分日係 22 日。2 日差用於平二分。24.51 含零頭不行四捨五入，故在末年日數也有零頭。兩零頭對照，其差不足 0.5 日。

2. 橢圓曆闕雍溝道與長方曆闕曆義推考暨口程超源考

1）H386 程超度當 3 日之闕係日全食滿輪返初志暨日月會於閣道源考

（1）H386 闕度當七年餘曆志見冬至日程超問題

若橢圓穴口徑別短徑長徑，長徑喻冬至。此題前已訓解。程超度當日在此指穴口徑程度當日數超一個月日數。此題迄今未見。但此處須一門檢討，故在 H386 口徑程甚大。此穴口徑程 3～3.7、深程 0.94 米，圓底。此穴殘 G300，覆以 F358。出土缽、瓦銼。此穴既是圓底，圓底端點凹下。自穴壁底端起，底邊係半球狀。以地喻天，下垂圓底喻半天球。穴深類比人去蒼穹中點距離。

依此身形推考，前賢挖掘此穴曾照顧彼時天象，而俯仰身體係相反動作。以地穴圓穴喻蒼穹，附身察穴底，此二者對應仰身觀天象，看天中央。《發掘報告》下冊附表七雖言此穴口圓，但穴口尺寸顯示，此穴係橢圓穴。口徑程差計0.7米，占穴口長徑五分之一強。

依《發掘報告》下冊附表九（第二期溝渠登記表），G300 被「F332、H339、F331 疊壓」，位於探方 330、323、324 第 4 層下。又依附表七，H368 位於探方 330、340 第 4 層下。而且，此表無 H339。由此推斷，附表九記 G300 涉地穴殘覆訊息謬誤，須更正。

G300 出土物豐富，含穿孔圓頂珠蚌 1 枚、瓦線陀 AII 型 1 枚、殘圜底盆 1 件、平底盆 1 件、骨針、骨鏃、骨笄 10 件（殘全比為 9：1）、殘骨鏟 2 枚、B 型殘「研磨石」2 件、骨墜形器 1 件等。檢附表五，F358 係第二期第 III 段遺跡，出土石球 1 枚、骨笄 1 枚、近圓柱體骨鏃 1 枚。

發掘者述 B 型「研磨石」即《發掘報告》上冊第 214 頁表三六末欄所言，此物出自殘石斧改造，有一邊研磨。依此書圖一五五第 3 圖樣（標本 F222：26），此類物件一端橫截面係正圓，此物中腰凹下，面存赤顏料不少。此物橫截面能述縱深而面積不大蒼穹，赤色喻熱氣。縱向觀察，體量由大變小，再變大。依畫作，蒼穹大喻近觀，小喻遠觀，再大喻又近觀。蒼穹大配夏季，蒼穹小配冬季。此物喻夏、冬、夏，時段覆至少十二個月。

「骨墜形器」之名似乎傍「石墜」產生。依《發掘報告》上冊圖一六〇，若干石墜一端有一小孔。用細繩穿過，似堪懸掛，如後世扇墜。此物即圖一七八第 3 器，一半如斜切骨段呈馬耳狀，頂端稍尖，而且另半稍平有孔。孔功在透氣。故此物述氣行。

如前著揭示，蚌殼述合朔運算，瓦線陀記日全食輪返。骨笄述春分氣數曆算。依諸物表意，得知 H368 表意涉及某年日全食輪返。此曆算掩蔽 H386 曆算與 G300 曆算，而 G300 曆算為 H386 曆算減損。G300 曆算須係後兩遺跡曆算參數。三遺跡如此關聯。

穴口短徑程度當日：

$3 \div 0.33 = 9.09$

$3.0416 \times 9.09 = 27.6$

此數喻末年春分日 2 月 28 日。

穴口長徑程度當日：

3.7÷0.33＝11.2

3.0416×11.2＝34.06

此處見日數出自程超，即穴口程超，而非穴深程超。穴口程超出自形土程超，形土程超出自聖賢曆算見某節氣值某日不得被節氣既定月數容納，例如 2 月納春分係定月納節氣。此處見程超 3 日。多至日落於 11 月終後第 3 日。此狀況初見，須備細考究，饋給解釋。此前，須先算穴深程度當日：

0.94÷0.33＝2.84

2.84×3＝8.52

30.416×8.52＝259.14

溢算日數：

259.14－182.5＝76.64

溢算得數 70 日足補 7 年，零頭折算：

6.64×0.83＝5.5

0.5×30＝15

鑒於此穴穴底度當秋分或夏至日數未定，故不得序曆。此穴圓底，不堪用於求算這兩節氣日之一。欲得此數，須向詢考旁數，譬如此穴關聯某遺跡曆日起點或日數拆解。前述此穴殘 G300，非覓得此溝道關聯曆算細節不能求算程超底意。

（2）長方曆闕度當算法放 G300 深寬程度當日推考

今欲澄清 H386 殘 G300 曆算義，須先檢討 G300 曆算細節。《發掘報告》上冊舉此溝道，編者以為 G300 係水渠。G300 位於第 IV 發掘區東部 T323、T324、T330 之間第 4 層下，「上被 F326、F331、F332、F358、H339、H343、H381、H387 疊壓或打破，」但未舉 H368 殘 G300。此遺跡已清 23 米，其口寬程 1.5、底寬程 1.4、深程 0.5～1.2 米。北端較深。底、壁較方正。此書上冊圖九六即此穴平剖面圖（第 123 頁～第 124 頁）。

照顧 G300 與 H386 所在地層，今斷定報告編訂者言「上層」「疊壓」或「打破」不便揭示 H386 與 G300 相互位置。欲知細節，須援引《發掘報告》上冊圖五六（第二期第 I 段遺跡圖略），此書圖六。

察二遺跡俱在第四層，H386 殘 G300 即喻 G300 早而 H386 遲。第二期第 I 段掘 H386 者能破損 G300 一壁或兩壁。H386 徑長大於 G300 寬，故殘損處必不見 G300 西北與東南壁。依《發掘報告》上冊圖九六，G300 模樣同長方穴。

對照遺跡散佈圖,見 H386 位於 G300 已清理段東北端。若從其西北邊沿畫切線,延伸及正南,將迎觸地穴 H387 東南邊經向切線,但 H378 不挨 G300。俯瞰全圖,G300 狀似地槽。依 I 段遺跡散佈圖經緯線,知地槽東北──西南走向。

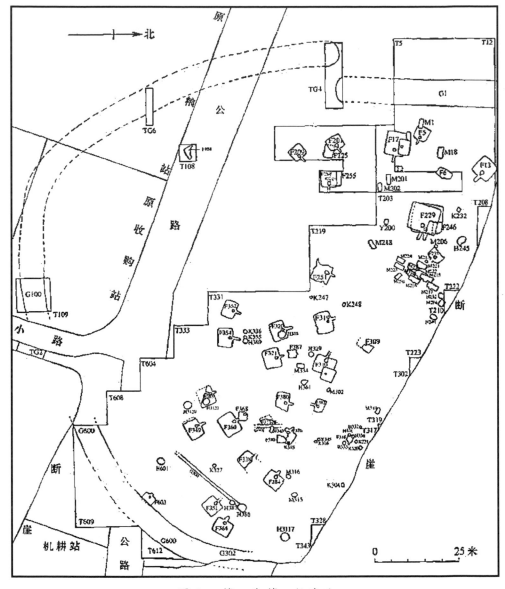

圖六:第二期第 I 段遺跡

發掘者以為此段地穴係「水渠」,此說不能立足:水渠乃澆地或導洪設施。言澆地須謂彼時彼地耕田。但第二期第 I 段第 IV 發掘區或諸探方下鄰近地段無耕作。若言此段長地穴用於導洪,須言洪水如何在第 IV 發掘區探方下第 4 層蓄

積，又排洩往西北何處？依我推算，此溝槽狀地穴長度當日數絕不超陽曆歲長，詳後推算。既如此，G300 不須通往斷崖末端。倘使此地槽長及斷崖，發掘者探掘 H3117 時目睹後定已記述，或在附表七申述。況且，發掘者清理已顯西南、東北兩處穴深差別，穴深最大、最小數已見。若欲導洪，須見某貴重構築爲保護物。今既不知洪水走向，又不知何物須受保護，豈敢言此條狀溝槽爲洩洪渠？此截溝道顯非水渠。當然，不須否認，地槽能納水。納水之故係聖賢謀驗節氣，譬如水何時解凍，匹何星象。但此點仍非掘地槽本旨。

既非澆地或洩洪渠，此地槽必有旁義。其義曾藏於聖賢心思，此念頭今記以 G300 尺寸。

欲以前引 G300 尺寸顯聖賢心跡，須先覓得地槽度當曆日算法。欲得算法，須先甄別曆算參數。如此，即能獲得第二期長方穴諸參數。由此，能獲得關聯節氣日。

檢圓口地穴圓周貫通，但圓周長非度當計算參數。長方穴四邊猶圓穴圓周貫通，此數亦不堪用於曆算。但圓面徑長係度當計算參數。倘使將長方地穴四邊相加，除以 2，算路似乎能通。但溝道 G300 甚長，清畢溝長 23 米，未清者長程未知。由此知曉，溝長不得爲參數。

由此，獲得長方穴算法：倘使長方地穴非地槽狀，其長程寬程差別不大，二程俱能參與度當曆算。穴底、穴口程度當日數各係關聯節氣日數。若穴口徑別二等，差數不大，即放橢圓穴口計算度當日數。穴口長徑程度當末年冬至日數，穴口短徑程度當末年春分日數。

G300 穴口寬程度當日：

$1.5 \div 0.33 = 4.54$

$4.54 \times 3.0416 = 13.8 \approx 14$

此數喻某年春分日 2 月 14 日。

穴底寬程度當日：

$1.4 \div 0.33 = 4.24$

$4.24 \times 3.0416 = 13$

以此日爲關聯節氣日，此數能喻某年秋分日 2 月 13 日。

北端穴深程度當日：

$1.2 \div 0.33 = 3.63$

$3.63 \times 3 = 10.89$

10.89×30.416＝331.23

331.23－182.5＝148.73

曆譜折合 14 年有餘：

8.73×0.83＝7.25

此喻 3 歲外續算 7 個月又 8 日：

0.25×31＝7.75

南端穴深程度當日：

0.5÷0.33＝1.51

1.51×3＝4.53

4.53×30.416＝137.78

此處見損算：

182.5－137.78＝44.72

依歲補日算法，此數折合 4 歲有餘：

4.72×0.83＝3.91

0.91×31＝28

　　曆日術算之度當計算雖得其數，但存留疑問：G300 兩深度參數度當兩等歲日數。爲何如此？粗淺而論，G300 東北——西南走向，西南淺而東北深。東北深喻東北遠，西南淺喻西南近。今問，何物北遠南近？欲解諸難，須考釋聖賢寄何意於遠近之別。備細考察地槽 G300 要點與向度係此事根基。

　　（3）G300 爲《天官書》「閣道」源考

　　今先援引《發掘報告》上冊圖九六，加畫朱線，並以赤西文字母表記關節點，爲後圖七。AA'係地平線，在東壁線南北端記 BB1，延長 NS 經線，使之與東壁線 BB1 相交於 O。

　　∠BOS 等於 40 度。今須詢問，此角喻何？準乎斗柄東北指，與經線相交 40 度，時在多至後 40 日餘。斗柄週旋 360 度，1 度當 1 日，每 360 度補 5 日，每度補約 0.0139 日。40 度須配 0.556 日。換言之，斗柄指向定日數在多至後 40.5 日，毛算 41 日。多至後 30 日當大寒，40 日餘當立春前數日。《夏小正》：「正月初昏參中〔註 7〕。」《爾雅·釋天》：「正月爲陬。」郭璞注引《離騷》曰：「攝提貞於孟陬。」郝懿行疏：「虞喜以爲陬訾是也。按『陬訾』，星明，

────────────

〔註 7〕　王聘珍：《大戴禮記解詁》，中華書局，1983 年，第 29 頁。

即營室東壁。正月，日在營室，日月會於陬訾，故以孟陬爲名。」郝氏又引《漢書·劉向傳》曰：「攝提失方，孟陬無紀。」〔註8〕張聞玉曾考，夏正月，「日月會於陬訾，日在奎，昏弧中，且建星中，正月節立春，正月中雨水，東風解凍，蜇蟲始振，魚上冰，……。」〔註9〕

　　無論各家註解存何參差，但孟春爲歲紀之初，此必無疑。其次，日月會於陬訾，此亦無疑。在此，日月之會係挖掘G300以觸H386之故。

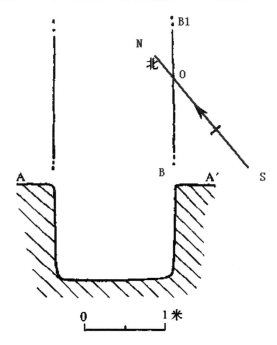

圖七：G300局部平剖面及走向

　　檢參宿爲西方七宿之一。爲歲紀初日所。求日正或直，故須在西南掘直地槽，以象參宿直日起之所，而且須觸盡頭某物，故在地槽東北端觸H386，此係H386殘損之故。且中須校正，故見H387倚傍。第二期長方穴圓角，但G300穴壁直，穴壁與穴底平整，見直角。如此差異出自聖賢構思：曆日者謀算調曆。調曆須照顧日月圓轉，日月圓轉以長方穴圓角表達。但日月相會之日不得調整，矯飾者必受天譴。唯此數爲直、爲逼、爲刑、爲範，故其角直，邊直。

〔註8〕 郝懿行：《爾雅義疏·中之四·釋天》（第5冊），中華書局，1936年，第6頁。

〔註9〕 張聞玉：《〈夏小正〉之天文觀》，《貴州大學學報》1993年第4期。

《史記‧天官書》：「參爲白虎，三星直者，是爲衡石。」G300 出土圓底盆喻觀蒼穹若半球狀，出土平底盆喻理平歲紀（上下直線喻兩歲平），出土無孔瓦線陀 G300：49 喻日月相會而日全食不見於臨界日全食曾輪返之時之地，出土穿孔圓頂珠蚌喻合朔，出土石塊三枚喻衡石見三（礪石等），出土骨鏟喻以陽平陰。蓋第二期第 I 段聖賢不以諸物放寫參宿。營室、東壁俱係北垣星宿。《史記‧天官書》云：「營室爲清廟，曰離宮、閣道」（《史記》第 1290 頁）。如此，西南──東北貫通，此地槽其實係「閣道」之本。

既知歲初日所，又知日月之會，即得一歲爲度。由此能溯算「閣道」長度。其算法仍係尺寸度當。先算得已清理 G300 度當，後依陽曆歲長減此度當日數，依餘數逆算，即得 G300 總長程：

23÷0.33＝69.69

69.69×3.0416＝211.96

倘使繼續清理，將得穴長程：

365.24－212＝153.24

毛算 153 日，此日數折算穴長程：

153÷3.0416＝50.3

50.3×0.33＝16.6

閣道未清理殘長約 17 米。

狄宛第二期第 I 段後，「閣道」構築傳播。

（4）掘 G300 見深程以顯合朔暨絕對值求算起源

G300 爲閣道，其義既顯，須由此取得其西南淺東北深之故：觀星而察歲終，須遠眺北垣，察紫微垣深處，或曰後端，故此截閣道深。西南見歲初日所。晦日後，初三月起於西南，其樣貌大於星宿，能類比日在參宿。在歲初觀星，察日所，日將行往閣道盡頭。故而，閣道西南淺而東北深。淺深者，一歲日行遠近之類也。紫微垣於狄宛一期聖賢後嗣絕非陌生，前著已述（第 171 頁～第 172 頁）。順道澄清《天官書》閣道與紫微垣關聯之最早佐證：狄宛第一期聖賢觀紫微垣，第二期第 I 段考究並成就閣道與紫微垣關聯。

前既言閣道用於揭示往歲立春迄今歲立春日所，以及日月會所，須依曆算旁證此題。檢 G300 西南與東北深度當歲月日數係聖賢後嗣立意根基。前算 G300 東北深度當年月日數：

14 年 7 個月 8 日

但西南淺度當年月日數爲負數：

－4 年 3 個月 28 日

　　無論前數還是後數俱不涉陽曆一歲。但此數係參數，非得數。將前數、後數視爲日行日數，前數喻日已行年月日數，而且計算單元係陰曆，後數即日行虧欠年月日數。在此，捨棄負數，故在日行、月行無所謂虧欠，唯設定未來某日者自當日須過多少日。此間術算顯負數而已。由此知曉，數字自在而求算者別正數負數。謀算基於所欲，所欲致正負數之別。今依絕對值算法將兩數相加，驗證前判。

14＋4＝18

此數係太陰曆歲數。

7＋3＝10

此爲太陰曆月數

8＋28＝36 日

得月數：

（18×12）＋11＝227

　　年月數折合 227 個朔望月，每朔望月長 29.53 日，零頭 6.47 日。今須算得此數起點，終點。後算須照顧日全食輪返，故在日月之會能以日全食輪返記述。日全食單輪返須 223 個朔望月。

　　朔望月總數大於日全食單輪返值朔望月：

227－223＝4

　　此喻日月之會在日全食輪返日後第 4 個月，若加零頭，即 4 個月 6 日半後。而此時唯見日月相會，不見日全食輪返。何以證之？曰：黑帶紋赤瓦磨邊瓦線陀。此瓦線陀無中孔。無孔即喻盈虛不通，即當年秋分前 2 日未睹日全食。此物出土於 G300。《發掘報告》編者未述此物出土於閣道何處。今依曆算推測，此物出土於閣道東北端，近 H386 處。此處係日月相會之所。而且，日月之會係 H386 曆算起點參照，即元年關聯節氣日參照。依《發掘報告》圖一三八，此物即瓦線陀標本 G300：49 第 4 器，屬發掘者記 AI 型（第 180 頁）。此物無鑽孔，正面見黑寬帶，質地係赤陶。發掘者以爲，此物無孔，係半成品，（第 178 頁～第 179 頁）。

圖八：標本 G300：49 日食志

黑帶喻目睹白晝變黑，無孔喻不睹盈虛交替，陰陽氣通。黑色不滿喻日全食時段短於臨界日全食。依前著揭示，狄宛臨界日全食發生於秋分前 2 日（第 454 頁），當日爲朔日，依此書曆序，此番日全食日係 8 月 13 日或 14 日。今對照此月日數與前算，勘驗前考 4 個月 6 日半之數：

孟春月節氣立春，在狄宛曆法 1 月初。溯及 1 個月，12 月初小寒。溯及第 2 個月，11 月初大雪。又溯及 1 個月，10 月初立冬。末溯及 1 個月，9 月初寒露。此節氣去秋分半個月。半個月即狄宛曆法每月初一迄十五，折合今陰曆十五或十六迄二十九或三十。次日朔日。節氣之序不誤。零頭稍差：

$14-6.5=7.5$

毛算剩餘 8 日。這 8 日用於平未來時段，即 4 年春分日與秋分日，每年耗 2 日，4 年耗盡。這 4 年即 G300 西南深度當年數。此處合朔計算基於陰曆運算，不觸及陰曆轉換陽曆，不須補日。合朔之證係 G300 出土一枚鑽孔圓頂珠蚌。前算佐證，G300 東北、西南深度差出自聖賢依日全食單輪返摹寫日月相會。於算學史，此曆算旁證絕對值計算係狄宛一期聖賢施教所致。

（5）顧日全食滿輪返曆準而爲 H386 程超

如前考證，H386 陰曆須補 7 年 5 個月 15 日，彌合陽曆虧欠。今須參照此數，揭示 H386 程超度當 3 日之源。

今問，7 年 5 個月又 15 日之數有無數準？倘使否認數準，如何使不知曆法者信服曆算？聖賢顯依某準求算，而且受教邑眾知此準。此準即日全食輪返日。前算揭示，G300 度當曆算曆序之秋分日前兩日擬能見日全食輪返。但在 G300 記述日全食輪返之闕未睹此番日全食。此事係此處檢討要題。

檢 G300：49 喻預算日全食發生日未睹日全食同時出現，在臨界日全食發生時刻，單輪返日全食早先開始，早先結束。天文學述此臨界日全食爲滿輪

返日全食，此後，19 交點年後，合朔每過 0.46 天，單輪返日全食發生，但發生於半日前，太陽所在位於原所在右半度（折合度當說半日），即太陽向右移動半度。若依地球與日食帶關係檢討，單日全食輪返之閾 6585.32 日，非整數，零頭 0.32 日。迄下番單輪返，地球益轉三分之一圈，每圈合 360 度，此數當 120 度。三番單日全食輪返盡，見食地能睹臨界日全食輪返。單日全食輪返折合陽曆 18 年又 11 日。〔註10〕

　　前算 H386 穴口長徑度當 34.06 日，多至日落於下個月。倘使準乎此數，節氣失月率。而調曆又須循準，此準即臨界日全食輪返日。在日全食輪返年，中氣日數須合臨界日全食發生當年秋分日，否則調曆失準。前賢形土爲此穴旨在記錄曆準。換言之，調曆固依曆日，但須照顧日全食輪返年中氣日數，此日數係狄宛曆準之本。程超 3～4 日，出自照顧曆準。基於前訓，今得知狄宛臨界日全食滿輪返年秋分日 8 月 13 日，而當年春分日 2 月 12 日，揭前 G300 穴口、底寬度當日數。依此計算，H386 穴溢算曆補得終了曆譜秋分日即 8 月 15 日。

　　程超出自交點年與回歸年折算。依前算，臨界日全食之閾等於 19 交點年三番。每交點年日數等於 346.62 日。19 交點年折合：

346.62×19＝6585.78

此日數三番：

6585.78×3＝19757.34

此日數依回歸年折算：

19757.34÷365.2421＝54.0938189

零頭折合：

0.0938189×365.2421＝34.266

零頭折合 34.266 日。此日數與穴口長徑度當日數差：

34.266－34.06＝0.206

此差數折合約 5 小時。此差數即誤差。此誤差大抵出自發掘誤差。倘使爲曆，須照顧 H386 穴口短徑度當春分日，兼顧此穴深度當，即溢算曆補期間。

　　7 年半又 15 日爲曆譜基準：將 4 日系於 2 月 28 日，迄 2 月 30 日用 2 日，新曆譜起於春分日 2 月 2 日。溢算曆譜與曆準算法關聯甚清。

〔註10〕劉次沅：《中國歷史日食典》，世界圖書出版公司，2006 年，第 11 頁。

表二三：曆闕 H386 溢算系曆依曆準

年　　次	春　　分	秋　　分
元年	2 月 2 日	8 月 3 日
二年	2 月 4 日	8 月 5 日
三年	2 月 6 日	8 月 7 日
四年	2 月 8 日	8 月 9 日
五年	2 月 10 日	8 月 11 日
六年	2 月 12 日	8 月 13 日
七年	2 月 14 日	8 月 15 日

第七年 8 月 13 日發生日全食。

（6）H386 雍 G300 度當日考證曆援係體系曆算結點

狄宛第一期以降，遺跡殘存頻見。前著以寶雞關桃園遺址 M25、H171、H191 對立研究揭示，遺跡殘損係遺跡對立。而對立研究係古遺跡考古要務。彼處考證，聖賢觀星而知回歸年。此斷出自邊角關聯考證（前著，第 392 頁～第 394 頁）。今問：彼處考證、此處考證能否關聯？倘使關聯，二者以何相似？

廣泛而論遺跡關係，必無著力點。深入考究相鄰遺跡或相殘遺跡，須透過表層觀察，見其曆日術算之功。言某遺跡殘某遺跡，譬如 H386 殘 G300，此係物料、遺跡名謂與模樣對立（位置相偶）之判。若言二者深層對立，我以爲須命之「援引」。前舉關桃園遺跡與此處數遺跡俱顯關聯。二處對立模樣參差，但於曆算文明辨識之功毫無差別。彼處見邊角援引，此處見曆準援引。二者俱侍役於曆算。

基於前識，今須揭示遺跡相殘之曆算根源，即揭示聖賢曆算援引之念頭根本：今謂某遺跡殘損另一遺跡，於古即聖賢以一構築殘損另一構築。此等殘損出自效法。目睹日全食、月全食者知殘損之義：殘者，切也。被切去者爲亡。以食而論，吞幾多，被吞噬之物寡幾多。盡吞則盡喪。日全食期間，須見日月合一。今欲起算爲曆，將依曆謀算合一，此爲不悖。曆日之義，本乎殘損日全食輪返三番，而非聖賢自始而知曆算。前著揭示，陰曆月日數之念頭出自目睹月全食。而歲曆之念不獨出自寒暑辨識，歲曆之念依日全食三番盡權準，即產生系統曆算。

（7）H387 曆闕 9 歲曆志暨平程超曆算

此穴口徑程 0.96～1.28、深程 1 米，殘溝道 G300。此穴亦係橢圓穴。檢前圖六第二期第 I 段遺跡，知此穴位於 H386 西南，殘 G300 東邊。此穴出土 AII 型殘瓦銼一枚。察《發掘報告》上冊圖一四一第 7 物，對照編者陳述，知 AII 型瓦銼狀似兩頭尖，中間鼓木梭，稍扁而已。此器係狄宛若干考鳴器之一，非獨堪處理木器粗糙面。瓦銼殘喻考鳴不得滿音。而音喻聲氣。故此物見於此穴，須告聖賢考節令而見曆算與律度不匹。考鳴器納瓦器、乃至瓦器匹配木器以及絲弦能發聲諸器，係中國樂器之本。此題將在後述，而「瓦銼」器用考將在「考鳴器」下推究。

穴口短徑程度當日：

0.96÷0.33＝2.9

2.9×3.0416＝8.8

此喻末年春分日 2 月 9 日。

穴口長徑程度當日：

1.28÷0.33＝3.87

3.87×3.0416＝11.77

此喻末年冬至 11 月 12 日。

穴深程度當日：

1÷0.33＝3.03

3×3＝9.09

30.416×9.09＝276.48

溢算日數：

276.48－182.5＝93.98

此數含 90 日，足補 9 歲。零頭折算：

3.98×0.83＝3.3

零頭折算：

0.3×31＝9.3

此溢算地穴曆志納 9 年又 3 個月又 9 日曆算。無穴底尺寸，故無穴底度當關聯節氣月日，此處不得為地穴曆譜。倘使系曆，須始於穴口節氣日。此系曆顯 H387 與 H386 曆算關聯，此二穴以 G300 關聯後，又觸日全食輪返曆算。

表二四：曆闕 H387 系曆曆譜

年　次	春　分	冬　至
元年	2 月 9 日	11 月 12 日
二年	2 月 11 日	11 月 14 日
三年	2 月 13 日	11 月 16 日
四年	2 月 15 日	11 月 18 日
五年	2 月 17 日	11 月 20 日
六年	2 月 19 日	11 月 22 日
七年	2 月 21 日	11 月 24 日
八年	2 月 23 日	11 月 26 日
九年	2 月 25 日	11 月 28 日

此系曆顯 H286 冬至程超得平，冬至日復調至 11 月。G300 東北、西南穴深曾見曆準並被照顧。

2）第 I 段其餘雍覆（橢）圓闕曆志

（1）H369 曆闕損算 2 歲餘曆志

曆闕口徑程 0.92～1.24、底徑程 0.86～1.24、深程 0.58 米，不納物，屬第二期第 I 段遺跡。此曆闕覆以爟闕 K335（名源詳後）。檢《發掘報告》（下）附表六，此爟闕在 T313 第 4 層下，圓口闕。K335 屬第二期第 I 段爟闕。其底徑 0.9、深 0.05 米，無口徑尺寸，此爟闕不納遺物。無遺物即謂虛置。此處不究 K335 曆義。不檢之故在於：其一，此曆闕早而爟闕 K335 遲。依前考遺跡曆援，覆援係曆援之一。K335 覆 H369 喻覆援曆闕 H369 曆算。其二，爟闕訓釋須基於體統，此處未及爟闕源考。此題容後一門檢討。彼處檢討 K335 覆援 H369 曆算。

H369 穴口短徑程度當日曆算：

$0.92 \div 0.33 = 2.78$

$3.0416 \times 2.78 = 8.45$

末年春分日 2 月 8 日。

穴口長徑程度當日：

$1.24 \div 0.33 = 3.75$

$3.0416 \times 3.75 = 11.4$

末年冬至日 11 月 11 日。

穴底短徑程度當日：

0.86÷0.33＝2.6

2.6×3.0416＝7.9

前番秋分 8 月 8 日。

闕底長徑等於穴口長徑，故前番冬至日 11 月 11 日。

闕深程度當日：

0.58÷0.33＝1.75

1.75×3＝5.25

5.25×30.416＝159.68

159.68－182.5＝－22.82

此處見前賢損算曆序。減算 20 日須匹配 2 年，由此推知，聖賢以此穴曆譜減算原曆譜多算 2 年有餘：

2.82×0.83＝2.34

得整數即謂減 2 個月，零頭須精算：

0.34×31＝10.54

或

0.34×30＝10.2

此處曆算揭示，祝巫自某曆算減 2 年 2 個月 10 日或 11 日。自目的曆算減此年月日後，曆算得正。此闕底度當日數係目的曆算關聯節氣日數。依第二期第 I 段遺跡圖，此闕鄰近 F354，其戶道（名源詳後）指向此穴。我推斷兩遺跡曆算關聯。

（2）H601 曆闕損算 10 歲曆志

此曆闕口徑程 2～2.2、深程 0.27 米。此穴無出土物，雍以 F601，屬第二期第 I 段遺跡。依附表五，F601 係第二期第 II 段遺跡，出土瓦線陀 AI 型、石球、殘骨笄。初推 F601 曆算援引此穴曆算。F601 納器物印記聖賢曾為日全食輪返曆志。瓦線陀 AI 型即鑽孔瓦線陀，此物依前著係日全食曆志。由此推斷，此二遺跡曆算存在援引。

穴口長徑程度當日：

2.2÷0.33＝6.66

6.66×3.0416＝20.25

此數喻末年冬至日 11 月 20 日。

穴口短徑程度當日：

$2 \div 0.33 = 6.06$

$6.06 \times 3.0416 = 18.4$

此喻末年春分日 2 月 18 日。

穴深度當日：

$0.27 \div 0.33 = 0.81$

$0.81 \times 3 = 2.43$

$30.416 \times 2.43 = 73.91$

$73.91 - 182.5 = -108.59$

此日數折合損算 10 年有餘。零頭折算：

$8.59 \times 0.83 = 7.13$

7 個月餘日數：

$0.13 \times 31 = 4$

至多須自目的曆算減算 10 年 7 個月 4 日。穴口度當日數爲關聯節氣參照日。

3）第 II 段橢圓曆闕 H235 程超問題

（1）H235 對立遺跡見期段相去曆算關聯

口徑程 4.8～5.3、底徑程 2.1、深程 1.8 米，T207、T208 第 4 層下。依《發掘報告》下冊附表七，此穴覆以 F223，殘 M207。出土鉢、平底盆 1 件、鼓腹罐 1 件、瓦線陀 AII 型 1 枚、殘陶丸 1 枚、研磨石、研磨棒、穿孔圓頂珠蚌 4 枚、骨笄、骨鏟、骨鑿、骨錐等。

依附表四，M207 係第一期墓，出土圜底鉢、筒狀鼓腹罐。葬式不清。墓長程 1.6、寬程 0.72、深程 0.4，頭向 276°。墓納骨殖與否不清。檢附表五，F223 係第二期第 III 段遺跡，出土物豐富，含圜底盆殘片、細頸瓶 1 件、瓦線陀 DI 型 1 枚、石球 B 型 1 枚、殘陶丸 3 枚、石刮削器 E 型 1 枚、角錐 2 枚、骨針 C 型 1 枚等。DI 型瓦線陀即《發掘報告》上冊圖一三八第 13 器。此物前著已訓，即圖一一九第 1 器，即福臨堡第一期一面隆起，中有一孔瓦線陀（第417 頁）。此物至少旁證，F223 曆算援引年月日數觸臨界日全食某輪返。

在此，H235 遺跡顯對立跨期：M207 係第一期遺跡。H235 非第二期第 I 段遺跡，而係第 II 段遺跡。兩遺跡考古時段不連，此即遺跡期段相去。但 H235

時段被第二期第 III 段遺跡 F223 連續。如此，位置相鄰與「考古」期段遠去係一特別對立。此狀態蘊含曆算援引與否，係迄今不曾考證要題。唯究討此題係澄清 H235 曆算功能途徑。F223 援引係曆準話題係檢討 F223 要題，此題以似房遺跡曆算與觀象考統轄，不屬此處。

　　備細究討 H235 曆算細節須觸 M207 曆算細節。於 H235，M207 為舊。此二者俱係形土，故為「溯舊」。但曆算蘊藏於形土，故曰「溯舊形土」係檢討要題。此二遺跡檢討須照顧溯舊遺跡對立。此對立不外兩等：雍援與覆形。而殘為形之一等。譬如，H235 旁有另一遺跡，此遺跡位於同探方同層。此二遺跡係雍援遺跡。覆形遺跡譬如 H235 之於 M207，或 F223 之於 H235。此處唯檢討 H235，不檢討 F223，故不檢討此穴「為覆形」。總之，求算曆日關聯須照顧援引，而求算援引須廣求雍援。如此，定獲曆算細節。

　　（2）H235 曆闕程超曆算援引之疑

　　究討之核既係 H235 曆算細節，今須先算此穴度當日數。

　　H235 穴口長徑程度當日：

　　$5.3 \div 0.33 = 16$

　　$16 \times 3.0416 = 48.66$

　　此得數喻程超，如前考 H386。對照二觸，唯見日數差。準乎橢圓穴長徑度當喻冬至日，此數喻末年冬至日超 11 月，落於 12 月 18 日，去月末 18 日。

　　穴口短徑程度當日：

　　$4.8 \div 0.33 = 14.54$

　　$14.54 \times 3.0416 = 44.2$

　　此日數喻春分日超 2 月，落於 3 月 14 日。

　　底徑程度當日：

　　$2.1 \div 0.33 = 6.36$

　　$6.36 \times 3.0416 = 19.34$

　　依附表七，此日數係前番秋分。

　　穴深程度當日：

　　$1.8 \div 0.33 = 5.45$

　　$3 \times 5.45 = 16.35$

　　$16.35 \times 30.416 = 497.3$

　　$497.3 - 182.5 = 314.8$

溢算 31 年有餘：

4.8×0.83＝3.98

毛算 4 個月。此穴溢算 31 年 4 個月。

前累計程超日數：

48.66＋44.2＝92.86

今問，兩程超日數源於何處？

（3）H235 程超援引曆準 4 倍不盡

如何看待此處程超總日數 92.86，此係疑難。依前例，須求曆準。此處曆準仍係臨界日全食輪返日數。此穴出土二物旁證此斷：第一，此穴出土瓦線陀 AII 型。第二，此穴出土 4 枚鑽孔圓頂珠蚌。

依《發掘報告》上冊，圖一三八，第 5、6、7 瓦線陀三模樣俱係 AII 型。第 5 器見中孔，一面有弧線，此線割瓦線陀圓面爲二，陰闇部多，而赤陶本色部少，有中孔。陰闇部即黑色，標本 T109 ：1。第 6 器一面見紅瓦核心外有三處黑色狀似弧邊三角形，黑面。此物無中孔，標本 H204：1。第 7 器全黑面，無中孔，標本 T109 ：8。無論線陀面盡黑，還是局部黑，俱見弧邊。此處見日全食輪返三等描摹：盡黑者述臨界日全食滿輪返，耗時 54 年又 33 日，但不在同地目睹。三處黑色環繞弧邊三角面記臨界日全食三番爲滿。此二物無中孔。標本 T109 ：1 面陰陽二分之狀記同地見臨界日全食輪返，發掘紀實此圖須左旋約 200 度，合乎狄宛聖賢舊意。本地陰陽氣通，故鑽孔於中。無論怎樣，此穴出土瓦線陀觸日全食輪返。

欲論此穴度當計算顯程超測算，須照顧前考 G300 出土一枚圓頂珠蚌鑽孔。前訓 H386 程超曆算觸此珠蚌含義，即此物喻日全食輪返，此時段爲曆準。彼處程超出自交點年長三番與回歸年長折算。今仍依此算法澄清此穴援引。此穴曆算援引 M207 係後題。暫且不述。

依前算，臨界日全食輪返之閾等於 19 交點年三番。彼處，G300 見一枚鑽孔圓頂珠蚌，而 H235 出土 4 枚此狀珠蚌。1 枚用於合朔當 3 番日全食輪返，4 枚鑽孔圓頂珠蚌折算：

19×3×4＝228

後數即交點年數，此數折合交點年長，變爲日數：

346.62×228＝79029.36

此日數折合陰曆年：

79029.36÷354.367056＝223.155

由此得知，此穴納 4 枚鑽孔珠蚌喻 4 番臨界日全食滿輪返，223.155 陰曆年，合 2677.86 個朔望月。

此數須折合陽曆年長：

79029.36÷365.2421＝216.375275

216 折合 4 番日全食滿輪返。

0.375275×365.2421＝137.06

每滿輪返日全食程超 34.266，故 4 番總計 137.064。今能告喻，程超總數含 H235 程超數。二數大小對比：

137.064－92.86＝44.204

程超總數滿納此穴程超數，但仍存多餘。今問，多餘日數出自何處？

（4）H235 程超餘數出自 F215 雍援

前訴雍援度當求算須廣求對立遺跡。但廣求須有界限。此界限即探方與地層相同。此係對立研究細節之一。

雍援度當求覓肇於度當計算參數，而非雍援。此律出自聖賢土功規劃與工程。土功之時恒在時代層準縱向某處。最早時代處於最下。逐代遞升。不獨時代既定，而且土功之所既定，故在聖賢某時代規劃土功須照顧覓得地表。在某處施工之斷出自規劃，而規劃出自算計與觀念。一處施工倘不能得某數，須引入參數，故須雍援，會通曆算。雍援仍須照顧彼時地層。此層堪深掘，故能觸先期遺跡。但此事非聖賢後嗣無能為力。倘使其扈從事此，須徧求同層雍援。此大事又涉聖賢嫡庶觀念之源，此題不在此述。今唯須重視同探方同層遺跡，搜覓某遺跡能否係雍援，而且蘊藏度當日數。

前算 4 番日全食滿輪返致程超總日數減 H235 穴程超剩餘 44 日。今須求算此日數出自何處遺跡尺寸度當。檢第一期 M207 尺寸，無一等於 4.8 米。博觀第二期第 II 段遺跡，照顧探方須同，檢《發掘報告》下冊附表五含此雍援，此遺跡即 F215，位於探方 208、202 第 4 層下，其壁長程 4.8、壁寬程 3.6、壁高程 0.6 米，屬第二期第 II 段遺跡，出土物含一枚 AI 型瓦線陀。依《發掘報告》上冊圖一三八，第 1、2、3、4 瓦線陀樣貌，AI 型瓦線陀或有中孔或無中孔。此遺跡出土瓦線陀有無中孔不詳。

此處見二物俱觸前難：遺跡底長程 4.8 米，AI 型瓦線陀。此瓦線陀證實曆算時段觸及日全食輪返時段初端與終端日數。聖賢構築 F215 長度出自精

算，此算旨在饋給程超日數。其度當日數係 H235 穴口短徑度當日數，即 44.2，其算術：

4.8÷0.33＝14.54

14.54×3.0416＝44.2

F215 壁長度當日數即 H235 穴口長短徑度當日數援引 4 倍曆準不足日數。至此，澄清 H235 見 4 枚鑽孔圓頂珠蚌曆算義。雖已澄清同期同段曆算援引，但 H235 與 M207 曆算援引仍不清白。此事須決於 M207 度當曆算。另外，發掘者記 F215 深不確：此數須是 0.66 米。此深度當陽曆基準年長。由此推知，此穴深發掘誤差計 6 釐米。

F215 寬程度當日超總數折合日全食滿輪返一番基準日數。此數呼應此遺跡出土瓦線陀一枚。換言之，F215 參與 H235 曆算。此狀況即雍援。

（5）M207 藏春分日與秋分日係 H235 曆援之準

如上申述，術算援引出自曆算，曆算出自度當，度當出自形土。先後形土，故見遺跡雍援或覆形。與之者能有三處以上遺跡。於後遺跡檢討，驗算先是遺跡，此喻溯舊。欲揭示 H235 援引 M207 曆數，今須檢討溯舊覆形，而非檢討雍援。前曆算於考古喻期別曆算。後曆算於考古喻同期曆算。二者之和須等於遺址曆算。

照顧 H235 係 M207 覆形曆算，今欲揭示二遺跡曆算援引。此事須基於 M207 樣貌、尺度考究。《發掘報告》上冊未呈第一期 M207 平剖面圖，故附表四記墓主頭向角度不足以體訓。但此度數仍顯天象觀測舊事：依 276 度推算，墓主頭骨須在正西偏北，三個直角度數等於 270 度。二數唯差 6 度。依此推斷此墓大抵東西走向，在西偏北——東偏南直線上。此度數大抵喻赤經面變動角初始角。春分日，日出正東。日在東偏南，喻日數不正。

依第一期 M307 曆日算法，暫不照顧前考 G300 獲得算法，依次計算墓穴長壁、短壁度當日數，見前賢調曆蹤跡。

墓穴口長程度當日：

1.6÷0.33＝4.84

4.84×3＝14.52

此數非冬至節氣日，故在彼時聖賢戮力演示璇璣歲、陰曆年、陽曆年（回歸年）歲長。此數即調曆後春分日，行四捨五入即春分日須在 2 月 15 日，以匹秋分日 8 月 15 日。

墓穴口寬程度當日：

0.72÷0.33＝2.18

3×2.18＝6.54

此數喻末年春分日 2 月 7 日。照顧前算墓穴走向，須加 6 度當 6 日，春分日須是 2 月 13 日。

墓深程度當日：

0.4÷0.33＝1.21

1.21×3＝3.63

依今算法：

3.63×30＝108.9

180－108.9＝71.1

捨棄零頭，差 71 日。

此數折合陰曆 7 年餘。此數不參與第二期曆日計算。

依前算，M207 春分日 2 月 15 日、秋分日 8 月 15 日須為 H235 援引關聯節氣日數。此數堪以陽曆臨界日全食滿輪返檢驗：

H235 穴口長徑度當冬至日程超 48 日，準乎冬至日 11 月 15 日，兩日數差：

48－15＝33

穴口短徑度當春分日程超 44 日，此數大於基準春分日：

44－15＝29

前數即陽曆日全食滿輪返，54 歲又 33 日，後數當太陰曆月日數，稍寡於陰曆月長。H235 援引 M207 之別證在於，M207 納鼓腹罐。如前著揭示，此物係平春秋分日之器。平春秋分日之曆準即狄宛第一期臨界日全食發生日。

4）H360 與 H249 程超雍援

（1）H360 程超問題

此穴位於探方 309 與 308 第 4 層下，口徑程 2.28～3.8、穴深程 0.65 米，不納器。此穴殘 F376、F322。檢《發掘報告》下冊附表五，F376 位於探方 309 第 4 層下，係第二期第 I 段遺跡，納 AII 型瓦線陀 1 枚，殘礦石 1 枚，罐 1 件。F322 係第二期第 II 段遺跡，位於探方 309、318 第 4 層下，出土殘骨鏃（近圓柱體）、瓦銼、有關節與無關節骨錐、骨笄、角錐，1 件所謂「AII 型特殊罐」、瓦弓（發掘者所言陶環）等。

　　此穴稍遲於 F376。故 F376 度數或納物能爲 H360 援引。檢 F376 出土物含 AII 瓦線陀，此物喻曆準仍爲參數。計算度當前，須先正此穴度謬。察此闚深 0.65 米有誤差，此穴深須等於 0.66 米，爲狄宛 2 尺。

　　闚口長徑程度當日：

3.8÷0.33＝11.51

11.51×3.0416＝35

　　此日數即冬至日數，但此日數超月日數，非陰曆月能納。補日換算陽曆，此日數落於冬至月後 12 月 14 日。此處又見 H386 程超模樣。

　　闚口短徑程度當日：

2.28÷0.33＝6.9

6.9×3.0416＝20.98

　　此數喻末年春分日 2 月 21 日。

　　穴深 0.65 米度當狄宛 2 尺，此 2 尺當關聯節氣相去 182.5 日。今須求算，此闚口長徑程超出自何數援引。

　　（2）H360 口長徑程曆援 F376 壁寬程

　　如前述，此穴係 F376 雍援遺跡。欲求二遺跡雍援細節，須檢討 F376 程度含關聯參數。檢《發掘報告》下冊附表五，知 F376 近全存，底面矩形，底殘長程 3.8、底寬程 3.8、壁高程 0.35～0.4 米，戶向角 306°、戶道長程 1.2、寬程 0.54 米。

　　F376 底寬程度當日：

3.8÷0.33＝11.51

11.51×3.0416＝35

　　此日數等於 H360 穴口長徑度當日數。在此，似乎也可言 H360 程超日數援 F376 底長殘程度當日，此日數也是程超日數。而且，此數等於 F376 底寬度當日數。依附表五述，F376 底長被雍，故在此邊有損。逆運算顯示，F376 底長受雍部等於 0.5424 米。在此，F376 底寬唯爲對照數，此數等於 H360 闚口長徑程度當日數。F376 受雍底邊長 0.54 米，此數又同戶道寬 0.54 米。此戶道有 2 階。

　　（3）H249 程超曆志

　　口徑程 3～4、深程 0.8～0.9 米，位於 T212、T213 第 4 層下。覆以營窟 F237、F242，出土研磨盤，底有 1 臺。檢附表五，F237 係底第二期第 III 段遺

跡，無出土物。F237 覆 H249。二遺跡屬同期，故 F237 曆算能採納或曰援引 H249 曆算。否則，須覓 H249 程超援引先前某遺跡曆算。

依附表一一，F242 係第三期遺跡，出土麻面磨石。此遺跡唯能援引 F237 曆算，不能逕引 H249 曆算。又察 H249 有兩度穴深，二數相差 0.1 米。依此推算，穴底臺高程 0.1 米。

穴口長徑程度當日：

$4 \div 0.33 = 12.12$

$12.12 \times 3.0416 = 36.86$

此日數係程超日數。此日數毛算 37 日。此致末年冬至日遷於 12 月 16 日。

穴口短徑程度當日：

$3 \div 0.33 = 9.09$

$9.09 \times 3.0416 = 27.64$

此日數喻末年春分日爲 2 月 28 日。

穴深程度當日：

$0.8 \div 0.33 = 2.42$

$2.42 \times 3 = 7.26$

$7.26 \times 30.416 = 220.82$

$220.82 - 182.5 = 38.32$

此數折合 3 年補日數，零頭折算：

$8.32 \times 0.83 = 6.9$

$0.9 \times 30 = 27$

折合溢算 3 歲 6 個月又 27 日。

穴益深程度當日：

$0.9 \div 0.33 = 2.72$

$2.72 \times 3 = 8.16$

$8.16 \times 30.416 = 248.19$

$248.19 - 182.5 = 65.69$

此數折合 6 年有餘，零頭折算：

$5.69 \times 0.83 = 4.72$

$0.72 \times 30 = 21.6$

溢算折合 6 年 4 個月又 22 日。

5）第 II 段三深程橢圓曆闕曆志

（1）H347 曆算疑難

H347 位於 T323 第 3 層下。口徑程 1.1～1.52，深程 2.7～2.9～3.77 米，雍 F332，出土鉢、A 型殘陶丸 1 枚。檢附表五，F332 係第二期第 II 段遺跡，局部位於 T323 第 4 層下，出土骨針、殘礪石、瓦環、瓦罐。

依層別，F332 早而 H347 遲。依附表七，此曆闕底部無階。如此，大可推斷此穴橢圓面別 3 個扇面，每扇面有底，自穴口到扇面底見一深度，故見三深程：2.7 米、2.9 米、3.77 米。如此，H347 與前考有臺曆闕含義全異。前考 H231、H238 曆闕俱係二期 II 段有臺地穴。此二穴各見一臺，且淺而寡。粗觀即知，此穴每深度當年數甚多。

穴口長徑程度當日：

$1.52 \div 0.33 = 4.6$

$4.6 \times 3.0416 = 13.99$

此數喻末年冬至日 11 月 14 日。

穴口短徑程度當日：

$1.1 \div 0.33 = 3.33$

$3.33 \times 3.0416 = 10.12$

此數喻末年春分 2 月 10 日。

此穴深別三等：深、益深、至深，故須三番求算度當。

穴深程度當日：

$2.7 \div 0.33 = 8.18$

$8.18 \times 3 = 24.54$

$24.54 \times 30.416 = 746.408$

$746.408 - 182.5 = 563.908$

560 日足以補 56 陰曆年，零頭須折算月日數：

$3.908 \times 0.83 = 3.24364$

此數喻 3 個月有餘：

$0.24364 \times 30 = 7.3$

準乎月長 31 日，此數折合待補日數：7.55，毛算 8 日。前算穴深度當 56 年 3 個月 8 日係陰曆年月日數。

穴益深程度當日：

$2.9 \div 0.33 = 8.78$

$8.78 \times 3 = 26.34$

$26.34 \times 30.416 = 801.157$

$801.157 - 182.5 = 618.657$

610 日足補 61 陰曆年，零頭折算：

$8.657 \times 0.83 = 7.18531$

整數 7 個月有餘，零頭折算：

$0.18531 \times 31 = 5.74$

益深度當陰曆 61 年 7 個月又 6 日。

穴至深度當：

$3.77 \div 0.33 = 11.42$

$11.42 \times 3 = 34.26$

$34.26 \times 30.416 = 1042.052$

$1042.052 - 182.5 = 859.552$

850 日足補 85 年，零頭折算：

$9.552 \times 0.83 = 7.928$

整數 7 個月，零頭須折算：

$0.928 \times 31 = 28.77$

至深度當 85 年 7 個月 29 日，末數進位即 85 年又 8 個月。至此，穴深三度度當三等年月數：56 年 3 個月又 8 日、61 年 7 個月又 6 日、85 年 8 個月。前算未見冬至或春分日程超。但穴深三度當年月日俱超日全食單輪返時段。如何看待這三等陰曆年數，係澄清聖賢掘此穴旨的要題。

（2）總三程度當朔望月與日數合朔換算日全食輪返

三程度當年月日數係陰曆年月日。若欲澄清此三數曆算義，須依曆準涉參數驗算。而曆準須照顧合朔。以前算知聖賢依合朔豫日全食輪返。基於此，須先三跬而算朔望月數，即：

（56×12）＋3＝675，餘 8 日。

（61×12）＋7＝739，餘 6 日。

（85×12）＋8＝1028

如上後數須加算，以得朔望月總數：

675＋739＋1028＝2442

此數除以日全食輪返合朔望月數：

2442÷223＝10.9506726

今擱置 14 日。以每三番日全食輪返爲滿輪返，第 4 番日全食見於同地，同時。第 4 番日全食即狄宛一期聖賢恃以爲曆之臨界日全食，第 5、6 番日全食輪返非同地、同時見於狄宛，但第 7 輪返同時同地見於狄宛。依次得第 4、第 7、第 9 輪返爲臨界日全食輪返。第 11 輪返係臨界日全食輪返。而前述恰在第 11 番日全食輪返前。

前算未盡 8 日、6 日。欲精算日數，須先依朔望月日數算得總日數，再加 14 日：

2442×29.530589＝72113.6983

總計 72127.6983 日。欲算日全食輪返，須將 223 朔望月折算日數：

223×29.530589＝6585.32135

72127.6983÷6585.32135＝10.9527986

（3）H347 曆算細節

前算 72127.6983 去第 11 番日全食輪返日數差：

6585.32135×11＝72438.5348

72438.5348－72127.6983＝310.8365

此數小於交點年：

346.62－310.8365＝35.78

此數喻毛算 36 日後，第 11 番日全食輪返，見於狄宛。

此數小於陰曆年：

354.367056－310.8365＝43.53

此日數須依朔望月折算：

43.53－29.530589＝13.999

迄此，得判 H347 穴功在豫日全食 11 番輪返，迄此臨界日全食輪返尚有 43.53 日。毛算一個月又 14 日後發生日全食。依前算，臨界日全食輪返日係 8 月 13 日。曆算須見終始兩端，聖賢或起於 8 月 13 日爲曆，此日見日全食輪返於當時。穴口徑程度當一個 13 日，否則不容日全食輪返，即晦朔日須見於曆算。今見穴口長徑程度當 14 日，此日數似大於 13 日，似乎日全食將落於初二日，起算時，不算穴底度當初始日，穴口長徑程度當多至日 14 日係日全食輪返參照日。

此穴深三程度當年月日數不觸 F332 曆算。後者壁長程 4.2 米，度當日數毛算 39 日。此數雖通日全食輪返曆算，但不觸 11 番日全食輪返。

前算翔實，但我疑問此穴出土物不盡印證日全食輪返。此穴出土 A 型殘陶丸 1 枚固能旁證日月合一。但 11 番之數似乎絕非巡述，而被間述：第 11 番日全食即臨界日全食，自地面觀測，見日月融合。同地同時見曾見日全食滿輪返。1 枚瓦丸能喻日月合一。此義似乎與日全食第 4 番滿輪返無別。

6）第 II 段其餘雍覆橢圓闕曆志

（1）H205 曆闕損算 60 朔望月曆志

H205 口徑程 0.8～2.6、深程 0.24 米，此穴殘半。如何殘半，附表七未述。此穴位於探方 200、201、202、203 第 4 層下。此曆闕覆 F229。此穴出土缽、圜底盆殘片、BI 型「石刮削器」、陶弓、殘石斧、角錐、骨錐尖等。「石刮削器」表義涉及日食，而骨錐表意涉及日照面或日赤道面與黃道面夾角。陶弓輔述軌道面。此曆闕覆 F229，故在 F229 納記述日全食器物，而且述曆涉及日全食。

穴口長徑程度當日：

2.6÷0.33＝7.87

7.87×3.0416＝23.9

此喻末年冬至日 11 月 24 日。

穴口短徑程度當日：

0.8÷0.33＝2.42

2.42×3.0416＝7.36

此喻末年春分 2 月 7 日。

依發掘者「殘半」補注，此穴今深須乘以 2：

0.48÷0.33＝1.45

1.45×3＝4.36

4.36×30.416＝132.61

132.61－182.5＝－49.89

損算 50 日，此數喻 H206 穴深當損算陰曆 5 年。此時段折算 60 個朔望月，爲曆日求算日全食輪返朔望月整數。每日全食輪返折算 223 朔望月。準乎損算，今須盡去 60 個月，其術算：

223－60＝163

倘使此穴記錄迄今日月流逝，故去此數，後 163 朔望月盡，將得日全食單輪返。檢討此穴深度當日全食輪返義，此題出自 F229 納瓦線陀。

（2）H313 曆闕 17 年 5 個月日全食單輪返

口徑程 1.2～1.84、底徑程 2、深程 1.3 米。依附表七，此穴殘 F309，覆以 K309，在 T315 第 4 層下。檢附表五，F309 係第二期第 I 段遺跡，F309 壁殘長程 3.6、殘寬程 1.6、殘高程 0.1 米。底面樣貌不清。出土圜底盆、甀、E 型石球 1 枚、罐。但檢附表六，不見 K309。又檢附表一二（第三期竈坑登記表），也無 K309，檢附表一八（第四期竈坑登記表），也無 K309。最後檢附表二三（其他仰韶文化竈坑登記表），未見 K309。但見 K310，位於 T315 第 4 層下。「疊壓打破關係」欄下記「疊壓 F309」。今依探方推斷附表七 H313 後「疊壓打破關係」欄「被 K309 疊壓」須改如「K310」。此爟闕無甚破損，口徑程 0.7、深程 0.3 米，圓穴。

穴口長徑程度當日：

1.84÷0.33＝5.57

5.57×3.0416＝16.9

此喻末年前番冬至日 11 月 17 日。

穴口短徑程度當日：

1.2÷0.33＝3.63

3.63×3.0416＝11

此喻末年春分日 2 月 11 日。

底徑程度當日：

2÷0.33＝6.06

6.06×3.0416＝18.4

元年春分日 2 月 18 日。

穴深程度當日：

1.3÷0.33＝3.93

3.93×3＝11.79

11.79×30.416＝358.6

此日數大於關聯節氣度當半歲準日：

358.6－182.5＝176.1

此溢算折算 17 年有餘：

$6.1 \times 0.83 = 5$

連前算，此穴深度當陰曆 17 年又 5 個月。此時段小於日全食輪返日數。兩數相差：

$(354.367056 \times 17) + (5 \times 29.530589) = 6024.23995 + 147.652945 = 6171.8929$

$6585.32 - 6171.8929 = 413.4271$

此數大於陰曆一年：

$413.4271 - 354.367056 = 59.06$

此數折合陰曆兩個月，能夠合朔。

換言之，某曆已算陰曆 2 個月，再過 17 年 5 個月日全食輪返。

（3）H354 曆闕 13 年餘曆志

口徑程 0.72～1.64、底徑程 0.65～1.22、深程 1.15 米，位於 T323 第 4 層下，覆以 F326。出土骨鏃半成品。檢附表一七，F326 係第四期構築物遺跡，位於探方 323 第 2 層下，此遺跡門向不清，也無出土物。

穴口長徑程度當日：

$1.64 \div 0.33 = 4.96$

$4.96 \times 3.0416 = 15.086$

此數喻末年冬至日 11 月 15 日。

穴口短徑程度當日：

$0.72 \div 0.33 = 2.18$

$2.18 \times 3.0416 = 6.63$

此數喻末年春分日 2 月 7 日。

穴底長徑程度當日：

$1.22 \div 0.33 = 3.69$

$3.69 \times 3.0416 = 11.22$

此數喻元年冬至 11 月 11 日。

穴底短徑程度當日：

$0.65 \div 0.33 = 1.96$

$1.96 \times 3.0416 = 5.96$

此數喻元年春分 2 月 6 日。

穴深程度當日：

1.15÷0.33＝3.48

3.48×3＝10.44

10.44×30.416＝317.54

317.54－182.5＝135.04

此日數足補 13 年有餘：

5.04×0.83＝4.183

4 個月零頭須折算：

0.183×31＝5.67

毛算 4 個月又 6 日。此遺跡未見喻日全食器物，故不舉日全食曆算。但須爲曆譜。今減省陰曆補日，唯舉元年迄十三年冬至、春分日，以顯此穴曆譜。

表二五：曆闞 H354 曆譜

冬　至	春　分
11 月 11 日	2 月 6 日
11 月 13 日	2 月 8 日
11 月 15 日	2 月 10 日
11 月 17 日	2 月 12 日
11 月 19 日	2 月 14 日
11 月 21 日	2 月 16 日
11 月 23 日	2 月 18 日
11 月 25 日	2 月 20 日
11 月 27 日	2 月 22 日
11 月 9 日	2 月 24 日
11 月 11 日	2 月 26 日
11 月 13 日	2 月 28 日
11 月 15 日	2 月 7 日

此曆譜表未顯歲補 10 日，也未顯 13 年後 4 個月又 6 日，故在此處唯須揭示冬至日堪調。又即，狄宛曆算之二分二至堪調。此外，晦日不得爲分、至日。此準數迄今沿用。若究本源，須告狄宛第一期地穴曆算已循此途。

（4）H377 曆闕 5 歲曆志

H377 口徑程 1.3～2.18、深程 0.84 米，雍 F353 戶道。出土圜底盆與尖底瓶殘片等。檢附表五，F353 係第二期第 II 段遺跡。此穴出土尖底瓶殘片、尖底缸、圜底盆殘片、礪石。如前述，尖底瓶所謂觸及重消息《大過》，此器模樣與重消息關聯將在後述。

穴口長徑程度當日：

2.18÷0.33＝6.6

6.6×3.0416＝20

此喻元年春分前番冬至日 11 月 20 日。

短口徑程度當日：

1.3÷0.33＝3.93

3.93×3.0416＝11.95

此喻元年春分 2 月 12 日。

穴深程度當日：

0.84÷0.33＝2.543

2.54×3＝7.63

7.63×30.416＝232

232－182.5＝49.5

毛算 50 日。此日數喻溢算 5 歲。顧念此穴覆 H3115、M309、F383，三遺跡曆援檢討不得避免。後將深入檢討。

（5）駢枝：F353 丑期曆援

依《發掘報告》下冊附表五，F353 雍以 F376、H377，覆 H3115、M309、F353。末「F353」顯屬謬記。又檢 H377 位於 T332、T333、T335、T336 第 4 層下。照以第二期第 I 段此類遺跡所在探方土層，檢得 F383 位於 T335、T336 第 4 層下。此構築係第二期第 I 段遺跡。探方層位告喻，附表五 F353 後「疊壓打破」欄 F353 須改如 F383，即 F353 覆 F383。而且，附表五 F383 後，「疊壓打破關係」欄「被 F355 疊壓」不誤。F355 位於 T320、T335、T336、T337 第 3 層下。此遺跡覆 F383。《發掘報告》上冊未呈 F383 與 F353 平、剖面圖，但舉 F355 平、剖面圖（圖六九）。涉 F355，後將深檢曆志義。

又檢得附表五述 F353 與 M309 位置高下不確。檢第一期墓葬無 M309，也無匹配探方。第二期無此編碼墓穴，也無匹配探方。照附表二一（第四期

墓葬登記表），見 M309 位於探方 336 第 2 層下，長方豎穴墓，長程 1.96 米，寬程 0.7～0.74，深程 0.3 米，係第四期墓。附表五言 F353「疊壓 M309」不確，須改如「疊以 M309」，且須後置。澄清如上二謬，今再依時段詳察 H377 覆形度當援引。

檢 H3115 係第一期遺跡，位於 T333 第 5 層下，係圓口、弧壁、圜底穴，徑長程 2.68、深程 0.45 米。此穴深度當損算曆志。粗察不見某數納 50 日。

檢 F383 狀方，壁長程 5.7、壁寬程 4.7、殘壁高程 0.3～0.4 米。出土：AI 型缽 1 件、AI 型甑 1 件。鼓腹罐殘片，彩陶盆殘片、AII「陶錯」1 件、石鑿 1 枚、骨針 1 枚。F353 戶向 340°。F353 壁長程 4.84、寬程 4.2，殘壁高程 0.5 米。戶向 10°。出土缽殘片、鼓腹罐、C 型殘「碾磨棒」、無關節骨錐與短骨針。壁長、壁寬度當俱超月日數，見程超題，但程超出自日全食輪返曆算。而程超非出自穴深或其他遺跡深度當歲月日數。程超即歲月日程超，故不得混於穴深度當歲月日數。察 F383 壁殘高唯 0.4 米，原高幾何，揣測者無所憑依。今不究此題。唯照顧第一期曆算堪否援引。

前著揭示，H3115 穴深度當節氣虧 58 日。此數係五歲補日基準。拆解 5 歲，每歲補 8 日，外加平二分用 2 日（上冊，第 256 頁）。依陽曆喻之，陰曆每歲補 10 日，5 歲補迄。5 歲補 50 日係曆算基準。第二期此算術與第一期算術同理。F377 覆援第一期 H3115 曆算，彼數含 58，此處援引 50 日。而且，第二期算術與第一期算術同功。此處曆援係覆援，而非雍援。

（6）H393 曆闕 12 年餘曆志

H393 口徑程 2.3～2.6、底徑程 2.7、深程 1.1 米，位於 T318、T322 第 4 層下，雍 F338、覆以 F330。出土瓦弓 1 件、骨簽 1。此穴袋狀。

察附表五，F338 係第二期第 I 段遺跡，方底，底長程 5.1、底寬程 4.4，殘壁最高處 0.56 米，戶向 313°，向西北。出土物含條狀扁平骨鏃、近圓柱體骨鏃、殘瓦銼等。照前述，H393 雍援 F338。

依附表一一，F330 係第三期遺跡，其底長程 8.4、底寬程 8.1 米。壁高程不詳。戶向 47°，東北向，起出出土瓦線陀 2 枚、瓦刀、陶弓、瓦丸、石刮削器、骨錐、骨鏃、瓦環、小平底盆、大平底盆等。F330 若援引 H393，即見覆援。此係後 H393 援引話題。

穴口長徑程度當日：

$2.6 \div 0.33 = 7.87$

7.87×3.0416＝23.93

此數喻末年冬至日 11 月 24 日。

穴口短徑程度當日：

2.3÷0.33＝6.96

6.96×3.0416＝21

此數喻末年春分 2 月 21 日。

底徑程度當日：

2.7÷0.33＝8.18

8.18×3.0416＝24.88

此數喻初年夏至 5 月 25 日。此穴底徑匹配口徑長徑，袋狀顯夏至迄冬至日數減小，有精算之狀。

穴深程度當日：

1.1÷0.33＝3.33

3.33×3＝9.99

照顧誤差，此數須是 10。

10×30.416＝304.16

304.16－182.5＝121.66

毛算 121.7，120 日足補 12 年，零頭須另計：

1.66×0.83＝1.3778

此數喻 1 個月有餘：

0.3778×31＝11.71

得數 12 日。曆志見 12 年 1 個月又 12 日。12 年折算 144 個陰曆月。

今須澄清此穴度當曆算是否雍援 F338 度當。此遺跡殘壁深須依穴深度當測算：

0.56÷0.33＝1.69

1.69×3＝5.07

5.07×30.416＝154.2

182.5－154.2＝28.3

20 日足補 2 歲，零頭計算：

8.3×0.83＝6.889

0.889×31＝27.559

毛算 28 日。

F338 殘壁度當 2 歲半又一個月。折合陰曆 31 個月。

H393 殘 F338 喻 H393 後掘，但 F338 先築。依此推算，F338 曆算在掘 H393 時被照顧。

（7）駢枝：曆援顯弧線邊直線邊形通算術

在此，多番嘗試陰曆月數，不見援引。今更換算術，以顯雍援。此算術即方面與圓面面積援引算術。

附表七屬 H393 於圓穴。察其口、底徑程之變而見下圓變上橢圓，此謂往圓而今橢圓。面積歷變一番。其算術：

QH393（底）＝（2.7÷0.33）÷2 ^{2}×3.14159=52.57

QH393（口）＝（2.3÷0.33）÷2 ×（2.6÷0.33）÷2 ×3.14159=43.12

H393 面積自往及今變小：

52.57－43.12=9.45

得數爲平方尺。

QF338＝（5.1÷0.33）×（4.4÷0.33）=206.05

F338 受雍面積小於 H393 底面積。其細節不清。而 H393 覆於 F330，故此三遺跡以 H393 曆連。

QF330＝（8.4÷0.33）×（8.1÷0.33）=624.54

狄宛第二期第 II 段聖賢是否創設圓周率 3.1415926，迄今未考。但徑 1 周 3 之率數必爲彼等知曉，造瓦器者盤築泥條須知造圓口器口徑，頻造圓口器者必知此數，傳及第二期後嗣。《發掘報告》上冊，圖一四〇（第 182 頁）舉「陶彈丸」即其例。其數眾及 92 枚。諸瓦丸小大有別，俱係實心。實心瓦丸以其色赤能喻天體，譬如日、月等。小大對照，即見直徑之別、周長之別。

檢如上參數，我斷定，此二遺跡出自聖賢推導乘方算術。將 F338 底長、底寬整數相加，得數 49，將兩數十分位與百分位相加，得數爲 1。倘使照顧進位，624.5 須標誌如 625，此數開方等於 25。不獨此數堪開方，而且 F338 面積減去被殘面積後面積數亦堪開方。前算揭示，聖賢掘 H393 雍援 F338 旨在演示弧邊直邊形通算術。其實，狄宛第一期觀象臺 F371 南壁被第二期第 II 段遺跡 F366 殘損，其雍援類似此處。而且，彼雍援源更早，係狄宛第一期遺跡。

（8）H709 曆闕 14 年餘曆志及雍援

此曆闕位於探方 703 第 4 層下。口徑程 1.5～1.86、底徑程 1.4～1.65、深程 1.2 米，覆以 K704，出土缽、甑、圜底瓶、AI 型瓦線陀 1 枚、C 型彈丸 1 枚、「C 型石刮削器」1 枚等。檢附表六，K704 爟闕口圓，起出瓦罐、石刀、殘骨笄、有關節部骨錐等。依《發掘報告》下冊附表六，K704 屬第二期第 II 段遺跡。K704 曆算援 H709 曆算，此屬曆闕覆援，後將在爟闕曆算下檢討曆援。

曆闕口長徑程度當日：

1.86÷0.33＝5.63

5.63×3.0416＝17

此喻末年冬至 11 月 17 日。

曆闕口短徑程度當日：

1.5÷0.33＝4.54

4.54×3.0416＝13.8

此喻末年春分 2 月 14 日。

底長徑程度當日：

1.65÷0.33＝5

5×3.0416＝15

此喻元年夏至 5 月 15 日。

底短徑程度當日：

1.4÷0.33＝4.24

4.24×3.0416＝12.89

此喻元年秋分 8 月 13 日。

深程度當日：

1.2÷0.33＝3.63

3.63×3＝10.89

10.89×30.416＝331.23

331.23－182.5＝148.73

此算顯溢算，溢算日數足補 14 年，零頭另計：

8.73×0.83＝7.2459

0.2459×31＝7.6

前算得溢算 14 年 7 個月又 8 日。

此數折合 175 個陰曆月。依此穴出土 AI 型瓦線陀推斷，此穴溢算曆準係日全食單輪返。此曆數曆準係：

223－175＝48

依此，48 月須見日全食單輪返。今問，這 48 個月數出自何處？檢《發掘報告》上冊圖三，知探方 703 位於第 VIII 發掘區，而且此探方係此區最大探方。此發掘區地下第 4 層係最深形土層。由此推斷，此穴曆算不曾依覆形援引早期曆算。但不得推斷，此穴曆算不曾依雍援援早期曆算。發掘記錄述：「此層下開口遺跡有 F711、F712、F713、H717、F710。其下為黃色生土」（第 12 頁）。依此述，須檢此穴雍援。

依附表五，第二期第 II 段遺跡 F708、F711 俱位於探方 703 第 4 層下，而 F711 被 H713 殘損，兩遺跡俱被現代墓破損。F711 出土 BII 型瓦線陀。壁殘長程 4.1、寬程 5.2、殘高程 0.25 米，戶向 25 度。F708 未見瓦線陀或蚌殼，故不觸日全食輪返曆算。

又依附表七，H709 外，有兩地穴位於探方 703 第 4 層下：H715、H717。但兩地穴既未出土蚌殼，又唯出土瓦線陀。

故須測算 F711 壁寬度當，見其程超，後慮曆算：

5.2÷0.33＝15.75

15.75×3.0416＝47.9052

此數大於陰曆月日數：

47.9－29.530589＝18.37

此日數即程超，準乎朔望月察日全食輪返日，18.37 日續算前番日全食單輪返。推測此日數有二用途：其一，對照陽曆每 18 年又 11 日，此段等於日全食輪返時段。此日數大於零頭 11 日。多餘 7 日許。依此，1 枚瓦線陀喻日全食單輪返。其二，18.37 用於標誌月晦後復生夜。

7）第 III 段雍覆橢圓闕曆志

（1）H204 曆闕 28 年曆志與日全食兩輪返曆算雍援

此穴位於探方 200 第 3 層下，口徑程 2.04～2.7、深程 1.7 米，殘 F203、F212，出土 AII 型瓦線陀 2 枚、陶弓、瓦丸、骨錐、骨笄等。檢附表五，F203 係第二期第 III 段遺跡，出土尖底瓶殘片、石丸、角錐等。F212 係第二期第 II 段遺跡，出土帶蓋罐。

　　又檢附表五，F203 覆 F212，殘 F206、F229、F246，F203 戶道被 H204 殘破。F203 底邊長程 4.3，寬程 3.6 米，戶向 280 度，戶道長寬未知。但 F212 覆 F229，被 H204、H216 殘破，西角覆以 K205。F212 邊長程 4.7、寬程 3.9 米，戶向 110 度。

　　如此，F229 被 F212 覆援。F212 又被 H204 雍援。此外，F203 戶道被 H204 雍援引。F229 雖被數番援引，但不逕連 H204，故不須並考。而且，《發掘報告》上冊舉陳此遺跡細節，並附平、剖面圖（圖六三），此遺跡後將備細檢討。今先算 H204 曆志細節。

穴口長徑程度當日：

$2.7 \div 0.33 = 8.18$

$8.18 \times 3.0416 = 24.8$

此數喻末年冬至 11 月 25 日。

穴口短徑程度當日：

$2.04 \div 0.33 = 6.18$

$6.18 \times 3.0416 = 18.7$

此數喻末年春分 2 月 19 日。

穴深程度當日：

$1.7 \div 0.33 = 5.15$

$5.15 \times 3 = 15.45$

$15.45 \times 30.416 = 469.92$

$469.92 - 182.5 = 287.42$

此數足補 28 年有餘，零頭計算：

$7.72 \times 0.83 = 6.4$

此喻剩餘半年又 12 日。28 年折算陰曆月即 336 個月，加 6 個月，總計 342 個月。準乎此穴出土瓦線陀喻日全食輪返，今依輪返月率 223 推算：

$342 - 223 = 119$

　　毛算 120 個月後，日全食單輪返。前算 12 日為續算之頭，第一番日全食輪返後零頭 12 日。此日數係自然數日數，而非陰曆月初一迄第 12 日。依此推斷，此穴見瓦線陀兩枚喻埋藏者指望日全食第二番輪返。聖賢設此題須依此穴雍援 F203 戶道戶向訓釋。

此節題目講「日全食兩輪返陽曆喻指」告此穴雍援 F203 門道參數。此門道朝向 280 度，此度數配斗柄指向。而斗柄乃陽曆算法參數，前著已述。陰曆月計照顧月滿迄下一番滿。但此日數不能陪陽氣衰壯，故求陽氣謀生者補日。補五日而爲璇璣歲，補十日而爲陽曆回歸年。但陰曆與陽曆俱須準乎節氣。而節氣初準係臨界日全食發生日。故聖賢謀算日全食輪返，以爲平二分調曆。F203 門道朝向 280 度喻璇璣歲 280 日，依此數補日，足補 28 陰曆年。此數匹配前算 28 年餘。前賢雍援不限於此。

今以璇璣歲爲橋樑，一端達陰曆已算年數匹配補日之數，如前述。另一端通滿度補日後得陽曆總年數 36 年，即得日全食兩番輪返數 36 陽曆年。前算穴深當陰曆年月日數餘 12 日許，此數恰等於補日後陽曆 36 年後第 12 日，是日見日全食輪返。

璇璣歲日數準乎 360 日，依斗柄指向而定。又見 F203 門向與璇璣歲聯繫：

360－280＝80

280 度折算 280 日，足補 28 年陰曆。補足後，陰曆年數轉爲陽曆年數。28 年陰曆前顯於 H204 穴深度當年數。餘 80 度折算 80 日。待斗柄旋轉 360 度，日數計算：

80 度＝80 日

陰曆歲補 10 日，10 年補迄。得陽曆 8 年加前算 28 年，陽曆總年數 36 年。後一輪返年數既定，但日全食輪返須加 11 日許未見，故須補算前算 12 日。

（2）H214 曆闕 14 年曆志暨第 III 段雍援程超日數如補日數溯源

位於探方 206 第 3 層下，口徑程 1.55～1.75、底徑程 1.78、深程 1.19 米，袋狀。殘 F208、F209。出土瓦丸、瓦銼、骨錐。檢附表五，F209 係第二期第 I 段遺跡，出土 AI 型瓦線陀 1 枚。但 F208 係第二期第 II 段遺跡。出土瓦丸、麻面磨石。此穴出土瓦丸喻聖賢觀測日月五星行道。連屬二者，得知聖賢預測第 I 段日全食輪返年月日。此穴形土者援引此番曆算。

檢 F208 覆 F209，前者底長程 4.15～4.5、底寬程 4.2 米，戶向 280°。F209 底長程 4.4～5.34、底寬程 3.54 米，戶向 67°，附表五未言殘破何處，今依偏見殘破模樣推斷，F209 或 F208 某邊被殘損。

H214 長徑程度當日：

1.75÷0.33＝5.3

5.3×3.0416＝16

此數喻末年春分前番冬至 11 月 16 日。

短徑程度當日：

1.55÷0.33＝4.69

4.69×3.0416＝14.3

此數喻末年春分 2 月 14 日。

底徑程度當日：

1.78÷0.33＝5.39

5.39×3.0416＝16.39

此喻初年夏至 5 月第 17 日大半。袋狀穴之義恰在密算關聯節氣日數，自 17 日大半迄末年關聯節氣日損至第 16 日。

深程度當日：

1.19÷0.33＝3.6

3.6×3＝10.8

10.8×30.416＝329

此數喻溢算。溢算日數：

329－182.5＝146.5

此數足補 14 年陰曆，零頭計算：

6.5×0.83＝5.39

0.39×30＝12

14 年陰曆折算 168 個陰曆月，加 5 個月，得 173 個月。但不知聖賢掘此穴雍援何遺跡何數，為何曆志。故須由近及遠逐一測算。附表五未言殘破何處，今依偏見殘破模樣推斷，F209 或 F208 某邊被殘損。

F208 參數度當日數：

壁至長程度當日：

4.5÷0.33＝13.63

13.63×3.0416＝41.45

此日數依前算喻程超日數，非某關聯節氣日數。

壁至短程度當日：

4.15÷0.33＝12.57

12.57×3.0416＝38.23

此數仍喻程超日數。

壁寬程度當日：

$4.2 \div 0.33 = 12.72$

$12.72 \times 3.0416 = 38.68$

此數亦喻程超日數。

照顧 F208 覆形援引 F209 度當曆算，而 F209 出土 AI 型瓦線陀 1 枚。此物為參數，須照顧日全食輪返 1 番。倘使依前算，將前程超日數視如日全食輪返三番後陽曆年數 54 年零頭日數，此日數總和基準日數 33 日。故而，次此處存在疑問。

今準乎 F209 出土 1 枚 AI 型瓦線陀，訓之如日全食單輪返，即 223 陰曆月。由此數減 H214 穴深度當陰曆年月數，能見參差：見其數不滿日全食單輪返月數：

$223 - 175 = 48$

H214 穴深度當年數不滿日全食單輪返陰曆月數，尚欠 4 年。如何解釋此數字，係一疑問。若察戶向 280 度，當 280 日，存 80 度當仍缺 80 日。此數或能轉喻 36 陰曆年見日全食輪返兩番。此係滿輪返大數。此數仍不能解釋前疑。倘使求算 H208 覆形援引所自，今須算邊長、寬度當日數。

F209 壁至長程度當日：

$5.34 \div 0.33 = 16.18$

$16.18 \times 3.0416 = 49.21$

此數仍能喻程超日數。

壁至短程度當日：

$4.4 \div 0.33 = 13.33$

$13.33 \times 3.0416 = 40.54$

此數依前算仍喻程超日數。

壁寬程度當日：

$3.54 \div 0.33 = 10.72$

$10.72 \times 3.0416 = 32.6$

此數仍見程超日數。

戶向 67° 能喻已補 67 日，折算陰曆 6 年 8 個月許。檢此穴位於探方 206 第 4 層下。對照《發掘報告》下冊附表二、三、四，得知第一期無一遺跡位於探方 206 第 4 層之下。依此，知 F209 係自足遺跡，唯與其底面內竈穴相匹。而竈穴曆算算術迄今未曾檢討，此處暫不嘗試。

今對照 F208、F209 邊長、寬度當日數，見兩組數字相差無幾，諸數字排布值得考究。今舉各自得數，並算其平均數。

F208 邊長程度當日、邊寬程度當日有 3 數：

41.45；38.23；38.68

三數總和 118.36，均數 39.45。倘若將 3 數之整數相加，除以 3，得數等於 39。換言之，F208 程超日數平均 39.45。照顧誤差，此數能等於 40。40 日恰足補陰曆 4 年。準乎此算，F208 長邊度當日數能匹配 H214 穴深度當年數虧欠日全食單輪返陰曆年數須補日數，即 40 日匹配陰曆 4 年，每年補 10 日。而 F208 至長邊程超日數大於 40 日，多 1.45 日。以此數匹配 50 個月之後兩個月。於此，4 年用 48 個陰曆月，補 40 日，變爲陽曆。2 個陰曆月須補日數：

0.83×2＝1.66

至長邊度當日數零頭小於此數：

1.66－1.45＝0.21

此誤差或出自穴深測算，或 F208 至長邊測算，但不算大。依此計算，狄宛第二期第 III 段雍援已見變動。方底似房遺跡至長邊程超日數不再告喻日全食滿輪返日數，而喻其雍援遺跡援引所本。在此，兩狀須引人重視：第一，似房遺跡方底非係正方底，亦非長方底，而係似長方底，底面兩邊不等長。第二，地穴深程度當述陰曆時段不滿，但須告某滿時段節點某事，譬如日全食輪返，被雍援遺跡須含虧欠數。如此，三期地穴深程度當虧欠某曆數被其援引所自遺跡某度當曆數彌補。如此，得睹似房遺跡深不再如狄宛第一期或第二期第 I 段地穴穴深一般，堪換算爲年月日數。似房遺跡之壁高不堪如此。

澄清如上變遷，今須解答二問：第一，何時見此算術端倪？第二，聖賢爲何須造此曆日算術？前二問基於首問，故須先答覆首問。

檢 F208 覆援 F209，形土者倘使創設新算術，須基於覆援。故須辨識 F209 壁長、寬度當日數。檢 F209 壁長、寬亦有三數：

壁至長程度當日數：49.21

壁至短程度當日數：40.54

壁寬程度當日數：32.6

加三數整，得數 121，此數均數：

121÷3＝40.33

加三小數，得 1.35，此數均數：

$$1.35 \div 3 = 0.45$$

三數均數係 40.78 日，折算 41 日。40.54 亦堪折算 41，故此須推斷第二期第 I 段 F209 壁至短度當日數係第二期第 III 段 F208 覆形援引所自。F208 又係 H214 雍援所自。如此，三遺跡曆算援引得顯。澄清三遺跡援引與援引所自，今溯跡前賢造此算術之故。

聖賢形土為穴，並顯程超日數，此事出自孤形土不得昭示曆準，故須援引曆準，以為對照。其算術出自累世查看、計算日全食單輪返與滿輪返。但形土以為援引所自須壞舊遺跡。無論雍援抑或覆形前形土之所，後形土殘壞前形土。如此，援引舊形土深度面臨失敗：援引前形土深度即喻破損前遺跡深度，此致前形土深度舊貌難還。欲喻雍援或覆形援引所自，須覓別途，以顯曆算有本，聖賢更改援引所自。

前算顯示，狄宛第二期第 III 段某地穴深度當年月數虧欠堪以雍援彌補。此算術端倪出自第二期第 I 段。形土為曆者知曉，舊形土深度不堪保守。但曆算須見從曆準或合曆準。遺跡深不堪維持，年月數出處難覓。欲告後嗣合曆準，故須覓得別樣算術。聖賢嘗試之下，形土並搭構木料，為似房構築。而此等構築底面並非規則長方或正方。壁長參差出自此計算。此致新算術出現。曆算算術溯跡迄此，順道澄清似房遺跡底邊邊長不等之源。依曆算力而論，狄宛第二期聖賢非不能掘方底搭建似房構築，彼等不欲如此構築而已。

8）H3100 曆援第 II 段食年曆算

（1）H3100 曆闕 10 年曆志暨不足日全食單輪返曆準

此穴位於探方 341 第 4 層下，出土缽殘片。口徑程 2.3～3.04、深程 1.02 米，殘 F373、H3101。H3101 係第二期第 II 段遺跡，圓穴。其曆志前已澄清。

穴口長徑程度當日：

$$3.04 \div 0.33 = 9.21$$

$$9.21 \times 3.0416 = 28$$

此數喻末年冬至日 11 月 28 日。

穴口短徑程度當日：

$$2.3 \div 0.33 = 6.96$$

$$6.96 \times 3.0416 = 21$$

此數喻末年春分日 2 月 21 日。

穴深程度當日：

1.02÷0.33＝3.09

3.09×3＝9.27

9.27×30.416＝281.95

281.95－182.5＝99.45

如何看待此數，係大疑。今舉兩端以擇：其一，視 99.45 如待補日數加零頭，而且此數不確，須等於 100 日，即誤差 0.55 日。其二，視此數無誤，但此數出自援引，援引所自暫不清。其三，照顧其一，兼顧其二。

依前者，100 日足補陰曆十年。換言之，陰曆 120 個月補 100 日，即得陽曆。此曆數小於 H3101 曆數，彼遺跡深度當 12 年 5 個月有餘。此處唯得 10 年。H3100 雍援 H3101 之證在於，H3100 去 H3101 深度當總數之 10 年。

第二算術須將前數拆散：90 加 9.45，後數須依前算術計算：

9.45×0.83＝7.84

0.84×30＝25.2

前算得 9 年 7 個月 25 日。折算日數：

3189.3035＋206.7141＋25＝3421

此數須觸蚌殼述日全食輪返。今準乎單輪返用日，查看兩數聯繫：

3421÷6585.78＝0.5194

得日數當日全食單輪返二分之一多。使我自擇算術，我選其三。補述其故：此算得數匹配此遺跡出土遺物。鉢殘片喻前賢埋此物前將其殘破，故在曆志度數不中。倘使選其一，將不能照顧此遺物殘片。如此，H3100 援引第 II 段 F373 述日全食曆志。而 H3100 係後雍援，而非並雍援。

藉此，澄清鉢殘片見於遺跡之義：曆算得曆志不中曆準，不合星曆，而鉢象半天球。察北天者目睹星體，知星曆。今未得曆志不合曆準，不中星曆，故須破損鉢，以告所察星曆不滿。

前既引入日全食輪返曆準，今須檢討前述援引所自遺跡 F373 參數，兼顧前段諸遺跡有無並形援引。

（2）F373 與 F363 等遺跡相雍故討

依附表五，F373 係第二期第 II 段遺跡，位於探方 341、343 第 4 層下，出土穿孔短褶矛蚌 1 枚、石球 1 枚、帶蓋罐、瓦罐殘片、瓦銼等，底方，長程 4.1、寬程 3.6 米，戶向 17 度，殘高 0.4 米，西南角與「居住面」被殘。推

測前賢挖掘 H3100 殘其西南角或「居住面」。此遺跡納穿孔短褶矛蚌。穿孔短褶矛蚌含義何在，迄今不明。

又檢 F363 位於探方 340、341、342、343 第 4 層下。F363 屬第二期第 II 段，方底，壁長程 4.98、寬程 4.12，壁殘高程 0.44～0.46 米，有竈穴，戶向 45 度，出土石刀、骨錐、骨笄、穿孔圓頂珠蚌 2 枚。依前考，2 蚌殼喻日全食兩輪返曆準。如此，得斷 F373、F363 係雍援遺跡。F373 曆算援引引自 F363。此係第二期第 II 段雍援一端。

又察 F379 位於探方 341 第 4 層下。但底部模樣不清，保存狀況不佳，唯存一角。壁殘長程 3，殘寬程 2 米，出土陶銼及瓦器殘片，係第二期第 II 段遺跡。如此，得斷 F379 亦係 F363 雍援遺跡，即 F363 被 F373、F379 雍援，第二期第 II 段同探方雍援被窮討。

在探方 340、341、342、343 第 3 層下，見第二期第 III 段 F362，殘以 H381，覆 F361、F363。F362 方底，壁長程 5.2、寬程 5.1 米，戶向 42 度，圓竈穴前敷泥圈土坎。竈穴口徑程 0.9 米、深程 0.3 米。如此，F362 覆形 F363。F361 雖鄰 F363，但位於探方 340 第 4 層下，與 H3100 異處，故不再深究。

H381 係第三期第 I 段遺跡，殘 F361、F362、第三期 M313，其狀不規則，口徑程 2.3～3.3、深程 1 米。出土陶丸，骨錐，骨針、骨鏃等。H381 係雍援之後雍援，其數引自 F361 或 F362。

又檢 F373 係 F368 覆形援引所自。F368 位於探方 343 第 3 層下，亦係第 III 段遺跡，覆 F373。F368 底貌不清，壁長程 3.96、寬程 3.4 米，戶向 310 度，出土瓦銼及 AI 型瓦線陀 1 枚，有圓竈穴，而且竈前亦有泥圈土坎。竈口徑程 0.9 米，深程 0.47 米。F362 與 F368 顯屬雍援遺跡。澄清如上曆志，始顯 F373 雍援全貌。

（3）F363 與 F373 雍援暨交點年曆志

上舉遺跡曆算須本乎 F363 度當，F373 從之，F379 亦從之，末算 F362、F368 度當，以還第二期第 III 段曆志援引第二期第 II 段曆志。終算 H381 以顯第三期第 I 段後雍援。今先算 F363 曆志雍援。

F363 壁長程度當日：

$4.98 \div 0.33 = 15$

$15 \times 3.0416 = 45.6$

壁寬程度當日：

4.12÷0.33＝12.48

12.48×3.0416＝37.95

今問，此二數如何解釋。照此遺跡戶向 45°，出土穿孔珠蚌 2 枚推算，此處須見立春節氣，以及日全食輪返兩番。

矛蚌順長擺放狀似長吊，非如珠蚌近圓。而長吊弧邊如日軌道。每見日軌道，即見此軌道與彼軌道遠去核心。年輪愈多，去陰曆年愈久，時差愈大。太陽沿黃道連續兩次過同黃白道交點須時段足夠多，能見日全食。此時段即交點年或食年時段。F373 不獨出土穿孔短褶矛蚌，而且出土石球 1 枚。石球喻日，此物升降必過此交點。如此，須關聯 F373 出土物印證日全食輪返須時。陳遵嬀先生述：「太陽沿黃道上，從白道的升交點經降交點，再回到升交點所需要的時間，叫做食年，它等於 346.620031 日，即 346 日 52 分 52.8 秒。」（《中國天文學史》第 693 頁，注 6）

每交點年短於陰曆年：

354.367056－346.620031＝10.747025

1 枚穿孔短褶矛蚌當 1 番日全食輪返，日全食單輪返用日數 6585.78，折算 223 個朔望月，19 個交點年。兩番日全食輪返折算 38 交點年。

6585.78÷346.62＝19

依此，陽曆 18 年又 11 日同交點年 19 年。日全食兩輪返耗時 38 交點年。依此得知，前算 H363 壁寬度當 37.95 其實須等於 38，而誤差 0.05 交點年折算 17 日。此誤差或出自發掘，或出自測量，或出自誤記。今不能辨。

如此，即澄清 F363 曆算細節：壁長度當去日全食輪返日數。壁寬度當日全食兩番輪返須交點年數。此處見壁寬度當算術更改，不再述程超日數，而述交點年數。此更改係狄宛第二期曆算算術最大更改。次算 F373 雍援如後。

F373 底長程度當日：

4.1÷0.33＝12.42

12.42×3.0416＝37.79

底寬程度當日：

3.6÷0.33＝10.9

10.9×3.0416＝33.18

基於前考，此二數義易訓：F373 出土短褶矛蚌 1 枚，石球 1 枚，前已從日全食輪返曆準訓釋。前者喻 19 交點年見日全食單輪返，後者喻日沿黃道往

返於同黃白道交點。壁長度當 37.79 有誤差，寡算 0.21 交點年，此數須等於 38 交點年。壁寬度當 33.18 須喻陽曆日全食輪返 3 番日數零頭，即 54 年又 33 弱。2 番日全食輪返耗陽曆年、日確數：

446×29.530589＝13170.64269

此日數折合陽曆年長：

13170.64269÷365.24219879＝36.06002

365.24219879×0.06002＝21.92184

耗 36 陽曆年（回歸年）又 22 日。

3 番日全食輪返耗陽曆年、日數：

669×29.530589＝19755.96404

19755.96404÷365.24219879＝54.09004

54 陽曆年零頭折算日數：

365.24219879×0.9004＝32.88641

33.18－32.88641＝0.29359

誤差約 0.3 日，折合 7 小時。

如上計算告喻，F373 壁長度當不再喻日數程超，而喻日全食兩番輪返交點年數，此數匹配 F363 見 2 枚穿孔圓頂珠蚌。而 F373 壁寬度當數仍喻日數，此日數即日全食滿輪返三番陽曆 54 年零頭 33 日。如此，F373 與 F363 互爲援引所自。

戶向 17 度曆義，後將澄清。今算 F379 曆志。

F379 底長程度當日：

3÷0.33＝9.09

9.09×3.0416＝27.6

底寬程度當日：

2÷0.33＝6.06

6.06×3.0416＝18.4

依附表五述，此遺跡壁長、寬俱不全。故前算度當數不滿。依此遺跡出土物含缽殘片、圜底盆殘片推斷，此遺跡曆志不中節氣，亦不合日全食曆準，似 H3100。

（4）F362 曆志覆援

底長程度當日：

5.2÷0.33＝15.75

15.75×3.0416＝47.9

底寬程度當日：

5.1÷0.33＝15.45

15.45×3.0416＝46.99

前數當 48，末數為 47。此二數顯非程超日數。照顧此遺跡能覆形援引 F363，觸日全食輪返，故須引入既知參數。既知日全食參數有：陰曆 223 月日全食單輪返，19 交點年日全食單輪返，18 陽曆年又 11 日日全食單輪返。陰曆月日數 29.530589 日，交點年長 346.62 日等。如上百位數俱甚大，難以聯繫上二得數。唯 19 交點年與 18 陽曆年能聯繫二數。今以 48 與 47 為絕對值，不賦含義，以此二數減 F363 出土穿孔珠蚌 2 枚當兩番日全食輪返：

47－38＝9

48－36＝12

此二數含義清白：前者喻陽氣消息之率。後者喻歲月數。陽曆、陰曆同。

47－36＝11

48－38＝10

此二數各有所指：第一數喻陽曆日全食單輪返 18 年外日數。第二數喻陰曆每年補日 10 日，換算如陽曆。如此，窮盡前二數觸日全食輪返兩番年數算術。

F368 與 F362 屬第 III 段並雍援遺跡，F362 覆援 F363，但 F368 非覆援遺跡。其曆志援引或由於不與覆 F363 而散亂。但 F368 出土物含 AI 型瓦線陀補此缺。今察其曆志援引。

F368 底長程度當日：

3.96÷0.33＝12

12×3.0416＝36.4992

此數含陽曆日全食兩輪返年數，或三番日全食輪返年數外零頭日數，但仍不精準。倘使推斷此數援引陽曆日全食兩番年長，須匹遺跡見物碎片，譬如瓦盆、缽殘片。但附表五「出土物」欄下無舉。

底寬程度當日：

3.4÷0.33＝10.303

10.303×3.0416＝31.337

此數堪爲陽曆月日數，此日數長於陰曆月日數 1.8 日。門向 310 度折算 310 日，去 360 度（日）欠 50 度。310 爲日數堪配交點年長：

310＋36.4992＝346.4992

此數誤差：

346.620031－346.4992＝0.120831

折算 2.9 小時。此誤差不算大。換言之，此遺跡曆志援引日全食單輪返食年（交點年）曆準。

（5）H381 雍援曆志

長徑程度當日：

3.3÷0.33＝10

10×3.0416＝30.416

此數堪爲陰曆月長補日後月長中數，但不堪爲冬至日數。節氣日不落於晦日、朔日。

短徑程度當日：

2.3÷0.33＝6.96

6.96×3.0416＝21.16

此數堪爲春分日，即末年春分日 2 月 21 日。

穴深程度當日：

1÷0.33＝3.03

3.03×3＝9.09

9.09×30.416＝276.481

276.481－182.5＝93.98

90 日足補陰曆 9 年。3.98 折算 3 個月又 9 日。陰曆 9 年折算 108 個月，加 3 個月得 11 個月。15 後，月日數合日全食單輪返 223 個月之半。此處唯寡 6 日。這 6 日恰當一候。此處曆準仍係日全食單輪返陰曆月日數。

此算驗證，狄宛第第二期第 II 段與第 III 段雍援遺跡被後雍援。狄宛第二期第 II 段與第 III 段曆算向第三期第 I 段曆算過度痕跡明顯。

3. 雍覆長方闕曆志

1）第 I 段長方闕曆志

（1）H250 曆志

此穴位於 T212 第 4 層下，口徑程 0.8～1.7、底徑程 0.7～1.5、深程 0.6

米，覆以 F236、F237、F238、K234。此穴無出土物。但此遺跡曆算被 F238、
F236 與 F237 覆援。三遺跡下，F238 如門鑰一般。《發掘報告》細述此遺跡（上
冊，第 110 頁～第 112 頁），並舉其平、剖面圖（圖八一）。後將一門檢討 F238
曆志援引系統。

穴口長徑程度當日：

1.7÷0.33＝5.15

5.15×3.0416＝15.66

此數喻末年春分前番冬至 11 月 16 日。

穴口短徑程度當日：

0.8÷0.33＝2.42

2.42×3.0416＝7.36

此數喻末年春分 2 月 7 日。

長底徑程度當日：

1.5÷0.33＝4.54

4.54×3.0416＝13.8

此數喻元年夏至日 5 月 14 日。

短底徑程度當日：

0.7÷0.33＝2.1

2.1×3.0416＝6.44

此數喻元年秋分 8 月 6 日。

穴深程度當日：

0.6÷0.33＝1.81

1.81×3＝5.43

5.43×30.416＝165.15

165.15－182.5＝－17.35

此曆志係損算。某曆算曾溢算 1 年有餘，故須減去。10 日足補 1 年，零
頭計算：

7.36×0.83＝6.1088

此數喻半年有餘，零頭折算最小日數：

0.1088×30＝3

前算揭示，聖賢以此穴損算某曆志 1 年半又 3 日。此時段折算 18 個月又 3 日，折算總日數：

354.367056＋（29.530589×6）＋3＝534.55

毛算聖賢以此穴損算某曆志 535 日。

（2）H334 曆志

口徑程 1.08～2、深程 2.1 米，出土麻面磨石、礪石、陶杯等。位於 T307 第 4 層下，附表七「疊壓與打破關係」欄下見「被 313 疊壓」。313 係何遺跡，須細察。檢第二期第 II 段地穴 H313 位於 T315 第 4 層下，此穴所在探方異乎 H334 所在探方。二期燵闕無一位於 T307 第 4 層下。第二期體燵闕亦無一位於此探方某層。第二期溝渠同樣無某段位於此探方。唯第三期 F317 位於 T307 第 3 層下，探方層差清白，故不須照顧 F317 尺寸。又檢第四期遺跡 F313 位於 T307 第 2 層下，附表一七述：「疊壓 H334、F317」。此斷附表七所言 313 即第四期遺跡 F313。倘使檢討狄宛第四期曆援第二期，即冊期曆援，即須檢討 F313。引此遺跡不須在此考察。

H334 長徑程度當日：

2÷0.33＝6.06

6.06×3.0416＝18.4

此數喻末年冬至日 11 月 18 日。

短口徑程度當日：

1.08÷0.33＝3.27

3.27×3.0416＝9.9

此數喻末年春分 2 月 10 日。

穴深程度當日：

2.1÷0.33＝6.36

6.36×3＝19.08

19.08×30.416＝580.33

580.33－182.5＝397.83

此數含整數 390 日，足補陰曆 39 年，零頭折算：

7.83×0.83＝6.498

陰曆 6 個月有零頭，須折算：

0.498×30＝14.94

此數即 15 日。

前數折算陰曆月數：

（39×12）＋6.5＝474.5

此數折算日全食兩番餘 28.5 個月，零頭即陰曆 2 年又 4 個半月。

（3）H345 曆闕 34 年餘曆志

《發掘報告》（上）俱其平、剖面圖，即圖八九。此穴係「長方形直壁平地坑，位於第 IV 發掘區中部 T318 西北角處　層下，打破排水溝 G301。坑口、壁較規整，圓角長方形，西端略寬於東端，東西長 1.8、東端寬 0.82、西端寬 1.05、深 1.9 米。」此坑出土較多瓦片，屬寬帶紋鉢、素面鉢、魚紋盆、夾砂侈口罐等，遺跡骨笄 1 件、骨錐 1 件、陶銼 1 件等（第 118 頁）。

將原圖子午線平移，爲今 NS 線，舊「北」字爲參照。畫曆闕西北橢圓狀，闕內畫虛線。畫子午線垂線。顧東端不便繪協所系原點，平移於西。得協所系即地平協所系。日在西之義明顯。檢 E 內角等於 10°。此圖顯示，日軌道變動。日在自北向南運動，而環繞某物。推斷日環繞之物乃黃道圈。東南端爲地外遠處。

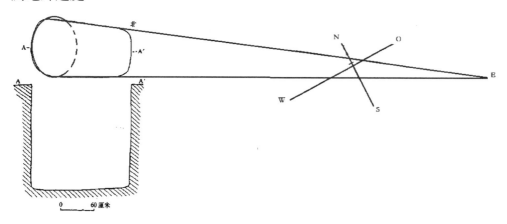

圖九：H345 日繞行黃道夏至秋分間 10 度

檢此曆闕四角圓潤，西北爲弧線。西北——東南走向邊線非平行線。告日所黃經 130°、140°，日自北而南運動 10 日。自夏至後 40 日而動，迄秋分前 30 日。曆日之源在於日行黃道圈。對照前著圖九一（下冊，第 375 頁），見此曆闕走向與 M15 兩壁邊線走向相反。由此推斷，此圖仍出自祝巫查看日行天球投影，係視見日運動後構圖，非自設。

壁長程度當日：

1.8÷0.33＝5.45

5.45×3.0416＝16.57

此數喻末年冬至日 11 月 17 日。

西端寬程度當日：

1.05÷0.33＝3.18

3.18×3.0416＝9.67

此日數難以賦值。暫且不計。

東端寬程度當日：

0.82÷0.33＝2.4848

2.48×3.0416＝7.55

此日數亦難賦值。但前數大於此數。照顧此穴西端兩角圓弧起點爲 E 北線、E 南線線段在西端終點，日照線變動閾始於 E 北線，終於 E 南線。由此得知，東端寬度當日數增而迄西端寬度當日數。日數淨增 2.12 日。此日數謂何，係一大疑問，亦係此類地穴曆算難點。

準乎圖九 E 北線遷而爲 E 南線，又循前循陰曆 1 年歲曆，今見穴兩端小大日數差 2.12 日。此數喻 1 陰曆年之後，穴寬度當節氣日數有變。倘使東西兩端等寬，即見穴口度當春分日爲定數。今見參差，又檢參差出自陰曆 1 年，故須定春分日變動之閾爲 2.12 日。此算術係陰曆兩歲同節氣日變最早曆算，此曆算亦旁證前著陰曆歲補 8 日，每歲平二分計 2 日算術不誤。

穴深程度當日：

1.9÷0.33＝5.75

5.75×3＝17.25

17.25×30.416＝524.676

524.676－182.5＝342.176

此日數係溢算曆數，須匹配陰曆 34 年有餘：

2.176×0.83＝1.8

此數喻 1 個月餘：

0.8×30＝24

折算陰曆 34 月數加 1 個月得 409 個陰曆月，外加 24 日。此數爲溢算曆術，待溢算數計算須依曆準。此數含 1 番日全食輪返，餘 186 陰曆月，去第二番日全食輪返 36 陰曆月又 5 日，換算 3 年又 5 日。

2）第 II 段長方闕曆志

（1）H379 曆闕 98 年曆志爲 F356 覆援

此穴位於 T338 第 3 層下，係 G302 一段，狀長方而不規則，口徑程 6.4、深程 4.22 米，覆以 F356、H390、M320。出土鉢、圜底盆、平底盆、尖底缸、AI 型瓦線陀 3 枚、「石刮削器」、研磨棒、紅顏料 1 塊、石球 5 枚、瓦丸 3 枚、角錐 3 枚、鹿角料 1 截、骨針 1 枚、骨鑿 1 件、骨笄 5 枚、骨簽 2 枚、A 型骨體石刃器 1 件等。G302 位於斷崖東南端偏南，毗鄰 G600，近似經線走向。H379 發掘未盡，發掘者未舉穴長程。但此闕不礙度當曆算。

檢附表五，F356 係第二期第 II 段遺跡，壁長程 2.9、寬程 3 米、殘深程 0.2 米，底面似方，出土骨笄、骨體石刃器、圜底盆殘片、麻面磨石。依附表七，H390 係第二期第 II 段圓曆闕，口徑程 1.9 米，出土 AI 型瓦線陀 1 枚、礪石、石球 1 枚、圜底盆殘片。前檢知此穴尺寸不足，無穴深程即不能算其度當日數。檢附表一六，M320 係第三期墓，長方豎穴，埋一女骨殖。墓長程 0.88～0.9、墓寬程 0.58～0.6、深程 0.26 米，頭向 13°。此墓無出土物。

此穴納瓦線陀喻第 II 段某番日全食預算，平底盆寓意兩歲平。聯繫二者表意，得知日全食預算與春秋分曆算俱不誤。同段 H390 亦出土瓦線陀。M320 表意與曆算細節涉及狄宛第三期某曆算與第二期第 II 段曆算，此處不考此題。

H379 口徑程度當日：

$6.4 \div 0.33 = 19.39$

$19.39 \times 3.0416 = 58.97$

此數須是 59，當日數。此日數絕非月日數疊加，而係程超日數，能拆出陽曆三番日全食 54 年零頭日數 33 日：

$59 - 33 = 29$

剩餘 29 日恰係陰曆 1 月日數。

穴深程度當日：

$4.22 \div 0.33 = 12.78$

$12.78 \times 3 = 38.34$

$38.34 \times 30.416 = 1166.149$

$1166.149 - 182.5 = 983.649$

此數足補 98 陰曆年有餘，98 年折算 1176 個月：

$3.649 \times 0.83 = 3$

此數喻 3 個月。加前數，總計 1179 個月。1115 個月折算日全食 5 輪返，剩餘 64 個月。60 個月折算 5 年，剩餘 4 個月，此數近 5 年半。此穴出土瓦線陀 3 枚旁證日全食至少滿輪返。

此穴曆算不援引其餘遺跡曆算，但此穴曆算為其覆形遺跡曆算援引，故為援引引自。三覆形遺跡並援引此穴曆算：H390 出土瓦線陀一枚，此物至少喻日全食輪返 1 番。此係並覆援之一。其次，F356 曆算又援引此穴曆算：

F356 底長程度當日：

$2.9 \div 0.33 = 8.78$

$8.78 \times 3.0416 = 26.7$

此數記 27 日。暫不給此數賦值。

底寬程度當日：

$3 \div 0.33 = 9.09$

$9.09 \times 3.0416 = 27.64$

此數記 28 日。推斷此遺跡壁長或壁寬之一度當日數 29.5 日。發掘所得遺跡殘損，但長壁尺數與原尺數誤差約 20cm。誤差數堪逆推而得：

$29.5 \div 3.0416 = 9.6988$

再乘以 0.33，得 3.2 米。誤差 20 釐米。此算術須受古建築復原研究者垂顧。前算澄清 F356 覆形援引 H379 徑長度當日數之陰曆月長日數。

第三期葬曆闕 M320 深度當曆日數亦援引 H379：

$0.26 \div 0.33 = 0.787878$

$0.78787878 \times 3 = 2.363636$

$2.363636 \times 30.416 = 71.89236$

$182.5 - 71.89236 = 110.6$

此喻三期聖賢曾損算，而損算旨的係某大數。自大數減前堪補日數匹配之陰曆月日數。110 日足補陰曆 11 年。11 年即 5.5 年 2 倍。

前算 H379 穴深程度當 1179 個月。1115 個月折算日全食 5 輪返，剩餘 64 個月。60 個月折算 5 年，剩餘 4 個月，此數近 5 年半。而 M320 曆算減算曆準出自 H379 穴深程度當月數。

另依附表一六，此墓葬式係「二次葬」。檢狄宛墓葬表，第三期見記「二次葬」，第一期無名程。第二期見兩番「二次葬」，M215 與 M222。表一六舉第三期墓葬三座，兩座係「二次葬」。後將檢此埋骨樣式曆義。

（2）H717 曆闕 8 年曆志

依附表七，此穴位於 T703、T704 第 4 層下，圓角。其口徑程 0.9～1.68、深程 0.35 米，覆以 Y709。此穴出土殘瓦銼。既如此，Y709 理應位於 T703、T704 第 4 層下。檢附表八（第二期窯址登記表），無此窯址。附表一四（第三期窯址登記表）無此窯址，僅見 H701 位於 T704 第 3 層下，橢圓狀，出土穿孔圓頂珠蚌 3 枚，尖底瓶殘片、石球 1 枚等，口徑程 2.22～3.38、深程 2.5 米。而 H710 位於 T704 第 3 層下，圓，覆 F714。附表二〇（第四期窯址登記表）也無此窯址。諸遺跡俱不雍援或覆援 H717。檢附表六（第二期竈坑登記表），見 K709 位於探方 703 第 4 層下，此穴覆 H717，此遺跡口圓，口徑程 0.65、底徑程 0.6、深程 0.32 米。出土石鑿 1 枚。依此，附表七 H717 後「Y709」須改爲 K709。

《發掘報告》（上冊）未舉此曆闕平、剖面圖，今斷附表七記其口徑其實係穴口邊長。邊長差數係長寬差數。

穴口長邊程度當日：

1.68÷0.33＝5.09

5.09×3.0416＝15.48

此數能喻末年冬至 11 月 15 日。今缺邊角朝向，暫不確定細節。

穴口短邊度當日：

0.9÷0.33＝2.72

2.72×3.0416＝8.27

此數喻末年春分 2 月 8 日。無邊角朝向，暫不確定細節。

穴深程度當日：

0.35÷0.33＝1.06

1.06×3＝3.18

3.18×30.416＝96.72

182.5－96.72＝85.78

此穴係損算曆志。80 日足補 8 年，零頭折算：

5.78×0.83＝4.79

此數喻 4 個月有餘：

0.79×30＝23.7

陰曆 8 年即 96 個月，加 4 個月，總數 100 個月須損算。

竈穴尺寸度當算術迄今未考，暫不計 K709 曆算義。亦即，暫不考其覆援。

4. 雍覆不規則曆闕曆志

1）第 I 段不規則曆闕曆志

（1）H245「儉田」近 10 年曆志及覆援算術

依附表七，此穴位於探方 207 第 4 層下，覆以 F220、F224、H236。其口徑程 2.1～2.5、深程 0.8～0.9 米，出土瓦銼 1 枚、殘石刀 1 件、有關節骨錐 1 枚、四棱骨鏃 1 枚。放 H252 尺寸與其平剖面圖，口徑閾值示徑別短長。甚或有一弧邊。穴深參差唯謂異處深參差。穴底爲坡。《發掘報告》（上冊）未俱此穴平、剖面圖，難斷向度。

另外，附表七言此穴被 H236「疊壓」，斷難證實。依附表五，F224 係第二期第 II 段遺跡，位於探方 207 第 4 層下，覆以 F220、H245。底呈長方，壁殘長程 3.8、壁寬程 3.6、殘高程 0.1～0.2 米，有圓竈穴，戶向 150 度，出土缽 1 件、瓦丸 2 枚，骨笄 1 枚、罐等，竈前有條狀坎。

察附表五記 F224 與 H245「疊壓打破關係」不確。F224 係第二期第 II 段遺跡，但 H245 係第二期第 I 段遺跡。二遺跡位置須係：H245 爲 F224 覆壓。

F220 係第二期第 III 段遺跡，位於探方 207 第 3 層下，底貌不清。其壁長程 5.6～6.36、壁殘寬程 2.8 米，戶向 215 度，有圓竈穴，出土鼓腹罐殘片，竈邊敷泥圈。此二遺跡位置俱無可疑。

但依附表一九，H236 係狄宛第四期遺跡，位於探方 202 第 2 層下，殘破 F229、F246，袋狀。準此須見 H236 位置異於 H245 所在探方。

又檢附表七，第二期第 II 段圓穴 H235 位於探方 207、208 第 4 層下，圓穴，口徑程 4.8、底徑程 2.1、深程 1.8 米。覆以 F223，殘 M207，此穴出土缽、平底盆、穿孔圓頂珠蚌 4 枚，AII 型瓦線陀 2 枚等。唯此穴位置合乎前述 H245 位置。故此，附表七，H245「疊壓打破關係」欄 H236 須改如 H235。今察 H245 曆志如後。

穴口短徑程度當日：

2.1÷0.33＝6.36

6.36×3.0416＝19.34

此數喻末年春分日 2 月 19 日。

穴口長徑程度當日：

$2.5 \div 0.33 = 7.57$

$7.57 \times 3.0416 = 23$

此數喻末年冬至 11 月 23 日。

穴深程度當日：

$0.8 \div 0.33 = 2.42$

$2.42 \times 3 = 7.26$

$7.26 \times 30.416 = 220.82$

$220.82 - 182.5 = 38.32$

此數喻溢算曆歲 3 年有餘：

$8.32 \times 0.83 = 6.9$

$0.9 \times 30 = 27$

3 年折算 36 個月，加 6 個月，以及毛算零頭 1 個月，此穴深度當 3 年 7 個月，即陰曆 43 個月。

穴深益程度當日：

$0.9 \div 0.33 = 2.72$

$2.72 \times 3 = 8.16$

$8.16 \times 30.416 = 248.19$

$248.19 - 182.5 = 65.69$

此數喻溢算 6 年有餘：

$5.69 \times 0.83 = 4.7$

零頭折算：

$0.7 \times 30 = 21$

此曆算納 6 年 4 個月餘 21 日。依陰曆，此數折算 76 個月餘 21 日。

此處穴深二度須循二途訓釋：其一，曆歲變更。此穴述曆歲變更係自小數到大數，還是自大數到小數，今未勘驗。但其變動之閾：42 個月 27 日迄 76 個月 21 日。其二，聚二穴穴深於一穴。故須將穴深度當年月日數加於穴益深度當年月日數。依此，須算二數之和：

$42 + 76 = 118$

外加日數：

$21 + 27 = 48$

此數折算：

48－29.530589＝18.469

前月數增算 1 個月，得陰曆 119 個月。此數被 III 段形土援引者照顧。例如，H204 穴曆志敷陰曆 342 個月，此數減日全食輪返月率 223 剩餘 119 個陰曆月。119 個陰曆月折算 9 年（108 個月）又 11 個月，加零頭 19 日。此數去陰曆 10 年僅差 10 日。

前算揭示，不規則曆闕深程參差不須視爲無意形土所致，而須視爲聖賢精心計算所得。此二數相加能減形土時段，加二度當日數即得總深。顧《繫辭傳》記聖賢「田」事，又顧精心計算，依現代認知命此事，其名當「儉田」。

照顧此曆闕係 F224、F220 覆形援自，今須測算二遺跡尺寸度當。二遺跡援引須別先後，故先溯跡 F224 曆志，後顯 F220 曆志，末定二遺跡援引細節。H235 係第二期第 II 段橢圓穴，其覆形援引揭前 H235 程超曆志暨溯舊雍援曆算。

F224 底殘長程度當日：

3.8÷0.33＝11.51

11.51×3.0416＝35

此日數大於陰曆月：

35－29.53＝5.47

此數當 5 日半。

底寬程度當日：

3.6÷0.33＝10.9

10.9×3.0416＝33.153

此數大於陰曆月日數 3.6 日。此數顯示，此遺跡曆算係溢算。此數加前程超日數，得 9 日餘。聯繫 H245 曆算，今知 F224 曆日數係 H245 曆志 10 年虧 10 日之 9／10。如此，F224 覆形援引 H245 之義盡顯。

F220 屬第 III 段遺跡，稍遲構築。但其援引 H245 之跡不匿：

底長程度當日：

5.6÷0.33＝16.96

16.96×3.0416＝51.58

此數顯非某節氣日數，而係程超總數。此數大於陰曆月長：

51.58－29.53＝22.05

底長益程度當日：

6.36÷0.33＝19.27

19.27×3.0416＝58.61

此日數大於基準陰曆月長：

58.61－29.53＝29.08

此處曆志出自溢算。壁長度當日數超基準月長日數總計 51.13。依陰曆歲補 10 日計算，此遺跡曆志年長 5 年有餘：

1.13×0.83＝0.93

零頭折算：

0.93×30＝27.9

此處見 5 年又 28 日。

底殘寬程度當日：

2.8÷0.33＝8.48

8.48×3.0416＝25.79

今依陰曆月長考究此數：

25.8－29.53＝－3.73

壁原寬幾何，今不確知，但殘去尺寸度當至少 4 日。何遺跡殘損此遺跡，附表五 F220 欄未舉。依附表一九，第四期遺跡 H226 位於 T207 第 2 層下，覆 H245，雍 F221。此遺跡起出 DII 型殘瓦線陀 1 枚。但此遺跡處所遠高於 F220 處所。不得斷定 H226 覆殘 F220。

又檢附表二四，曆闕 H242 位於 T207 第 4 層下，被 H225、H226、F221 覆壓，起出殘瓦弓、礪石。諸物屬第三期遺物。但依此表備註，此穴早於或相當第二期第 II 段遺跡（下冊，第 817 頁）。此曆闕殘損無多，口徑程 2.1～1.5、1.4～0.87、深程 0.7～1.05 米。準此，如此，F220 如何殘損仍不清白，故不再追蹤其本。

言端若觸 F220 曆援，今斷 H245 兩度當曆志和約二分之一被 F220 曆志援引。又即 H245 深程兩數算得 119 個月加 19 日折算陰曆 10 年欠 10 日。而此處唯取陰曆 5 年又 28 日。

《發掘報告》（下冊）附表二四錄 H242 位於 T207 第 4 層下。屬第二期第 II 段或更早遺跡。覆以 H225、H226、F221。口徑程 2.10～1.5、1.4～0.87、深程 0.7～1.05 米。近全存。起出陶環 A 型 1 件（殘）、礪石 B 型 1 件（屬第三期）〔註11〕。H245 與 H242 位於同層，屬雍曆援遺跡。

〔註11〕依發掘者注，第二期遺跡能見三期遺物。我依此推斷，祝巫後嗣曆算遇難，須參照舊算，故發舊曆闕。

口長徑程度當日：

$2.1 \div 0.33 = 6.36$

$6.36 \times 3.0416 = 19.34$

缺此穴平、剖面圖，今不能圖示邊角參數聯繫，故不斷此數喻何節氣。但知某節氣日係 19 日。

口短徑程度當日：

$1.5 \div 0.33 = 4.54$

$4.54 \times 3.0416 = 13.8$

此數喻某節氣日係某月 14 日。

口短益徑程度當日：

$1.4 \div 0.33 = 4.24$

$4.24 \times 3.0416 = 12.89$

此數喻某節氣日係某月 13 日。

口至短徑程度當日：

$0.87 \div 0.33 = 2.63$

$2.63 \times 3.0416 = 7.99$

此數喻某節氣日係某月 8 日。

穴深程度當日：

$0.7 \div 0.33 = 2.12$

$2.12 \times 3 = 6.36$

$6.36 \times 30.416 = 193.44$

$193.44 - 182.5 = 10.94$

此數足補陰曆 1 年。零頭折算：

$0.94 \times 0.83 = 0.78$

$0.78 \times 30 = 23$

穴至深程度當日：

$1.05 \div 0.33 = 3.18$

$3.18 \times 3 = 9.54$

$9.54 \times 30.416 = 290.17$

$290.17 - 182.5 = 107.67$

此數喻溢算曆志。溢算日數足補 10 年。零頭折算：

7.67×0.83＝6.36

0.36×30＝10.8

得數喻 10 年 6 個月又 11 日。此數大數恰係 H245 曆數之源，彼處曆志長不過 10 年，此處大於 10 年。H242 深二度，此二度印記曆志變動之閾：1 年又 23 日迄 10 年 6 個月又 11 日。前者折算陰曆 12 個月 23 日，後者折算 120 個月又 11 日。總計 132 個月又 34 日。

（2）H310 度當 17 年曆志

依附表七，此曆闕位於 T301、T319 第 4 層下，殘以 Y300，覆以 F300。口徑程 1～1.2、底徑程 1～1.2、深程 1.3 米。此穴幾乎未受殘損。自此穴起出圜底盆，圜底缽、AII 型瓦線陀 1 枚。瓦線陀喻日全食輪返。

檢附表八（第二期窯址登記表），唯 Y301 位於探方 301 第 4 層下，但此窯址未嘗被覆壓或殘損。附表二〇（第四期窯址登記表）見 Y300，位於探方 301 第 2 層下，殘破 F300，窯門向 35 度。依附表一七（第四期房址登記表），F300 位於探方 319 第 2 層下，殘 F302，殘以 Y300。底貌不清，戶向不清。壁殘長程 3.2、壁殘寬程 3 米。有橢圓爟闕，起出 BI 型尖底瓶 1 件，壺、甌、BI 型瓦線陀等。

H310 口長徑程度當日：

1.2÷0.33＝3.63

3.63×3.0416＝11

此數喻末年冬至日 11 月 11 日。

口短徑程度當日：

1÷0.33＝3.03

3.03×3.0416＝9.2

此數喻末年春分日 2 月 9 日。

底徑程度當日數同口徑程度當日數，不冗算，但須申述關聯節氣日數：元年夏至日 5 月 11 日，秋分日 8 月 9 日。

深程度當日：

1.3÷0.33＝3.93

3.93×3＝11.79

11.79×30.416＝358.6

358.6－182.5＝176.1

此數含 170 日足補 17 年，零頭折算：

6.1×0.83＝5.063

0.063×30＝1.89

前數折算 209 個陰曆月又 2 日。此數去日全食輪返月率：

223－209＝14

14 個月折算 1 年又 2 個月，加前餘 2 日。日全食輪返時段未盡，不睹日全食輪返。依此推斷，此穴起出瓦線陀無穿孔。

窯址亦屬曆算遺跡，其算術迄今未曾澄清。後檢得算術後澄清 H310 為 Y300 覆援曆算。

第四期 F300 覆援：

底殘長程度當日：

3.2÷0.33＝9.69

9.69×3.0416＝29.47

底長折算日數堪當月長。

底寬程度當日：

3÷0.33＝9.09

9.09×3.0416＝27.64

F300 月長日數係日全食輪返預算基礎。F300 覆形援引 H310 日全食曆算，祝巫以 F300 底殘長印記月日數。

（3）H3121 曆闕損 1 歲餘曆志暨同段雍援

位於探方 320、337 第 4 層下，雍 F383。此曆闕口徑程 1.4～1.6、深程 0.6 米。此穴未起出遺物。F383 亦係狄宛第二期第 I 段遺跡，方底。F383 中部被 H3121 雍援。上覆以 F355。F355 竈穴亦殘損 F283 中部。F383 受損有限。壁長程 5.7、寬程 4.7、殘深程 0.3～0.4 米，戶向 340°，起出瓦罐殘片、彩陶盆殘片、鉢、甑、瓦銼、石鑿、骨針等。

曆闕口徑程度當日闊：

1.6÷0.33＝4.84

3.0416＝14.7

1.4÷0.33＝4.24

3.0416＝12.89

穴深程度當日：

0.6÷0.33＝1.81

1.81×3×30.416＝165.158

165.158－182.5＝－17.3

此數係損算。損算細節：10 日足補陰曆 1 歲。零頭折算：

7.3×0.83＝6.059

0.059×30＝1.77

損算 1 歲 6 個月又 2 日。

準乎此數，此穴曆志關聯曆志曾溢算。

檢 F383 雍援 H3121 之故在於，F383 戶向角 340°告日照在夏至後。發掘者編訂《發掘報告》時，未給 H3121 圖樣，也未給 F383 圖樣，但曆算能饋給細節。依此細節得知，曆闕 H3121 圖樣有直線，交黃經度數或在 270°以東 14°許，或在 90°以西 14°度許。

如此，得知曆闕 H3121 曆義含 F383 述日照狀況。此營窟戶向角 340°折算日過黃經 110°，日照已自北回歸線降低，日落西北。準乎窟爟闕（詳後考）記用火，而火盛當夏至日。自前番冬至日迄今番夏至日，用日準日行黃道 180°，為補日前日數。則 165 日有餘告起算點在前番冬至後 14 日昏時後。如此，H3121 深程曆志加此待補日數即平。

2）第 II 段與第 III 段不規則曆闕曆志

（1）第 II 段 H218 損算 7 年與並覆援曆志

H218 位於 T208、T202 第 3 層下，覆 F215，為 F207 覆，殘半，起出缽殘片，口徑程 1.1～1.8、穴深程 0.4 米。檢《發掘報告》上冊，圖八○俱 F207 平、剖面圖。如此，H218 覆援 F215，F207 覆援 H218。

前考 F215 壁長度當唯係局部考究，若究覆形援引，仍須補考細節。F207 曆算細節後將申述，此處唯俱其覆援。依其平面圖，此遺跡東西長堪視為短徑程，其長 8.6 米。其長徑程由於底部殘破不堪測量，不再照顧。

H218 長徑程度當日：

1.8÷0.33＝5.45

5.45×3.0416＝16.57

短徑程度當日：

1.1÷0.33＝3.33

3.33×3.0416＝10.12

深程度當日：

0.4÷0.33＝1.21

1.21×3＝3.63

3.63×30.416＝110.41

110.41－182.5＝－72.09

此數喻損算。此數折算 7 年，零頭折算：

2.09×0.83＝1.7347

0.7347×30＝22

依前算須損陰曆 7 年 1 個月 22 日。欲察何曆數被損算，須照顧 H218 覆形 F215，或曰 F215 某曆數被減。依附表七，H209、H218 與覆 F215。F215 係第二期第 II 段遺跡，起出瓦線陀等遺物。

F215 底長程 4.8、底寬程 3.6、壁高程 0.6 米，屬第二期第 II 段遺跡，出土物含一枚 AI 型瓦線陀。唯 F215 壁長程、壁寬程度當日須考究。

底長 4.8 米度當 44.22 日，超陰曆月長 14.69 日。

底寬度當 33 日，超陰曆月長 3.65 日。

前兩程超日數相加得 18.34。此二數謂何，係一大疑。能否澄清 H218 覆形援引 F215 曆志，懸繫於如何看待兩數。

觸及前試算術，今顧二等：其一，日全食陽曆單輪返率 18 年又 11 日或交點年輪返率 19 年。其二，陰曆歲補 10 日。循前者，倘若以爲，某程超日數與 18 年餘 11 日之零頭 11 日關聯，程超日數或大或小，與 11 日相差。此算術前已考究。而此數基於陽曆曆術。但此處並無陽曆曆準路引，如何計算？

謀算此數，須引入交點年長後考察程超日數：交點年長 346.62 日。程超日數總計 18.34。此二數相加，得數 364.96，折算如回歸年長 365 日。得此數，即以 F215 關聯日全食單輪返曆準 18 年又 11 日。在此，F215 曆算既含日全食單輪返，又溢算 18.34 日。日全食單輪返合陰曆 223 個月。223 個陰曆月堪依 H218 穴深度當損算。察第二算術不便計算，故在依陰曆歲補 10 日參驗程超日數 18.34 不通。此數不堪參與 H218 損算 7 年餘曆志。今再以起出物參驗前舉算術。

準乎陽曆日全食單輪返率，須見 18 年又 11 日。F215 起出瓦線陀 1 枚，無穿孔珠蚌或矛蚌。但 F215 與 H235 係雍援遺跡，H235 起出 4 枚穿孔圓頂珠蚌。如此，F215 曆算須觸日全食單輪返。而且，H235 短徑程 4.8 米，同 F215

壁長程。先是曾算，F215 壁長程度當日數即 H235 穴口長短徑程度當日數援引 4 倍曆準不足日數。H235 雍援 F215 壁長度當日數。此雍援計算不礙謀算 F215 被 H218 覆形援引。照 H235 與 F215 諸多術算聯繫，知 F215 起出 1 枚瓦線陀能喻日全食單輪返。此參數係門鑰。如此，須引入 223 個陰曆月或 19 交點年。此曆數被 H218 損算。依此，自 223 個陰曆月損算 8 個月又 22 日。

$$223-8=215$$

顧零頭 22 日，依 H218 損算後曆準餘 214 個月又 8 日。

前算揭示，H218 損算旨的係日全食單輪返。此曆算顯示，前賢形土而造曆，不免雍援造曆。雍援造曆又納並雍援造曆。諸造曆之道實係算術。雍援造曆須含雍援參驗。如此，增益參數。

（2）第 II 段 H225 曆闕 51 個月餘曆志

位於探方 207 第 4 層下，口徑程 1.9～2.6，底徑程 1.85、深程 0.5 米，覆 F222，殘以 H242。起出鼓腹罐殘片、石錛、石刀、研磨石、殘礪石、殘石斧、骨錐、骨鏟、穿孔圓頂珠蚌 2 枚、底有一臺階。臺階高未知。既如此，不得測算另一穴深度當陰曆年數。起出遺物穿孔珠蚌 2 枚喻 2 番日全食。附表七述此穴底徑 1.85 米值得推敲。此穴既係不規則穴，口、底俱不規則。測算穴口某邊長程 1.9，某邊長程 2.6 米，已見保留。循發掘者述穴底 1.85 米徑度，唯使人推測，此穴自多度口徑向寡度底徑變動，穴樣變遷。不詳附表七編訂者抽取穴底精度基準。

若論諸遺跡援引，今見 H225 覆形援引 F222，H242 雍援 H225。此係三遺跡曆算重立與對立援引狀況。

F222 係第二期第 II 段遺跡，位於探方 207 第 4 層下，底貌不清。壁長程 5.2、壁殘寬程 2.6、殘深程 0.4～0.6 米，戶向 238 度，有圓竈穴，起出圓底盆殘片、麻面磨石、B 型研磨石 1 枚，殘礪石、無關節骨錐 1 件、A 型與 B 型骨笄各 1 枚。附表二四記 H242 程度，其度當曆算前已檢討。

諸遺跡位置記述使人疑心 F222 屬期段。附表二四「備註」欄述 H242：「早於或相當二期 II 段」。倘使附表五述 F222 屬第二期第 II 段遺跡，附表七述 H225 屬第二期第 II 段。覆壓必述垂直層位，先後分明。如此，須推測 F222 屬第二期第 I 段遺跡。如此糾彈發掘報告記述旨在精詳聖賢曆算覆歲多寡。今不細究此題。

H225 口長徑程度當日：

2.6÷0.33＝7.87

7.87×3.0416＝23.93

此數喻某節氣日在某月 24 日，此月係何月，節氣爲何節氣，不堪測算。如前述，不規則穴異乎圓穴，缺平、剖面圖，無以增補邊角而見曆算基準。

口短徑程度當日：

1.9÷0.33＝5.75

5.75×3.0416＝17.48

此數喻末年某節氣日近某月 17 日半。

底徑程度當日：

1.85÷0.33＝5.6

5.6×3.0416＝17

此數喻元年某節氣日在某月 17 日。

深程度當日：

0.5÷0.33＝1.51

1.51×3＝4.53

4.53×30.416＝137.78

137.78－182.5＝－44.72

此算既係損算，須問損何數而爲曆算。檢此穴起出穿孔圓頂珠蚌 2 枚，此二物述日全食輪返兩番，折算 223 陰曆月 2 倍，即 446 陰曆月。前算損算曆數折算 4 年有餘：

4.72×0.83＝3.9176

0.9176×30＝27.5

依前算，兩番日全食陰曆月須損算 51 個月又 28 日，毛算 52 個月。

446－52＝394

此月數折算陰曆 32 年又 10 個月。

查看此穴與穴納涉曆遺物，再考究遺物下穿孔珠蚌二枚，即見此穴援引異乎其餘地穴援引：前考雍援或覆形援引俱基於兩遺跡曆算。後形土曆算援引前形土曆算。雍援與覆形基於形土異位挑揀以及先後形土。無論雍援、覆形援引，俱係異位援引。但此處見 H225 穴損算引自初不觸雍援，唯涉穴納某遺物曆謂參數，即 2 枚蚌殼。如此，形土爲穴曆算固在先，但引自在後：形土爲穴早而 2 枚蚌殼後。以此穴並納遺物查看目的，或許能得

「自為援引」之名。但此名不合曆算援引跬步。我以為，此曆算援引須名遺跡同位遺物援引。此事於今或許不算大事，但於狄宛聖賢曆算算術進益，此事含義重大。聖賢先依算術，準乎曆準，形土造穴曆，後補曆謂遺物，以為參數。曆謂遺物即蚌殼。以蚌殼入穴。如此作為係蚌殼曆算之先驅，一元方程之根基。

此損算援引係自援引，即目的參數出自 H225 起出物「曆謂」。得數被援引與否，今不得知。此外，此穴覆援 F222，故須測算此遺跡度當曆數。

F222 曆算為 H225 覆援，但細節須展陳：

F222 底長程度當日：

5.2÷0.33＝15.75

15.75×3.0416＝47.9

此日數係程超日數，即冬至日程超日數。此日數本應在 11 月，今延遲迄 12 月，在節氣月不得節氣：

47.9－29.53＝18.37

底寬程度當日：

2.6÷0.33＝7.87

7.87×3.0416＝23

壁寬殘損，但其減損依術算。依此，我推斷此日數出自精算。循此，23 日係某節氣日。但此節氣日無關聯節氣日匹配。

如何看待此遺跡曆算程超日數，係大疑。今舉堪引參數，後察程超日數術算：

程超（度當）日數：18.37

陰曆歲長：354.367056

交點年長：346.62

陽曆年長：365

璇璣歲長：360

戶向：238°

程超日數加交點年長：

18.37＋346.62＝364.99

此得數即回歸年長，係謀算春分日基準。

觸此遺跡起出無關節骨錐，骨錐義訓：關節之節即節氣之節，猶竹節之

節。節長為度，竹節為別。今無節，喻未得氣數之節。骨錐尖喻度數，即北極點依季節變遷。變遷即見星宿、北極點各自與察星者所在地心連線交角。故須尖銳以見交角。

（3）第 II 段 H259 度當 209 個月曆志與朒期覆援

位於探方 214、215 第 4 層下，殘 M228，口徑程 1.6～2.7、底徑程 1.4～2.36、穴深程 1.3 米，殘 M228。起出尖底瓶殘片、殘陶彈丸、AII 型瓦線陀 1 枚、瓦刀、無關節骨錐 2 枚。

檢附表四，M228 係第一期墓穴，位於探方 215 第 4 層下，長程 1.4、寬程 0.7、深程 0.3 米，埋男骨殖，仰身直肢，年歲 30～38 歲。頭向 282 度，無起出物。

口長徑程度當日：

$2.7 \div 0.33 = 8.18$

$8.18 \times 3.0416 = 24.88$

此數喻末年某節氣日在某月 25 日。

口短徑程度當日：

$1.6 \div 0.33 = 4.84$

$4.84 \times 3.0416 = 14.7$

此數喻末年某節氣日在某月 15 日。

底長徑程度當日：

$2.36 \div 0.33 = 7.15$

$7.15 \times 3.0416 = 21.74$

底短徑程度當日：

$1.4 \div 0.33 = 4.24$

$4.24 \times 3.0416 = 12.89$

穴深程度當日：

$1.3 \div 0.33 = 3.93$

$3.93 \times 3 = 11.79$

$11.79 \times 30.416 = 358.6$

$358.6 - 182.5 = 176.1$

此數喻溢算。170 日足補陰曆 17 年，零頭計算：

$6.1 \times 0.83 = 5.063$

0.063×30＝1.89

零頭折算 2 日。此穴起出 AII 型瓦線陀 1 枚，術算觸及日全食輪返月日率，故須別單輪返、2 輪返、滿輪返，原地同時輪返四等曆準。依《發掘報告》（上冊）圖一三八，AII 型瓦線陀別三等：有孔並少半素面；無孔而三扇面黑間斷散佈，使核心之外留弧邊三角；無孔而滿面黑帶。附表七未述此穴起出瓦線陀模樣。顧此穴深度當 17 年 5 個月折算 209 個月，此數去 223 個月有 14 個月，即 1 年又 2 個月又 2 日。依此推斷，此穴起出瓦線陀係無孔瓦線陀。類似曆算前已訓釋，譬如 H310。比較二曆闕曆志，知 H310 屬第 I 段遺跡，而 H259 係第 II 段遺跡。H310 曆援係遺物所援，後被 Y300 雍援，又被 F300 覆援。今推斷 H259 溢算旨的係日全食單輪返曆準 223 個陰曆月。

前既澄清 H259 曆算等援，須問此穴爲何雍援 M228？或問：H259 挖掘者形土時爲何雍 M228？雍者，殘損也、去也。今問，M228 何曆數被去？欲答此問，須先檢 M228 曆算乃至其援引。

M228 葬曆闕邊長程度當日：

1.4÷0.33＝4.24

4.24×3.0416＝12.89

此數喻末年冬至日 11 月 13 日。

寬程度當日：

0.7÷0.33＝2.12

2.12×3.0416＝6.44

此數喻末年春分日 2 月 6 日。

深程度當日：

0.3÷0.33＝0.909

0.909×3＝2.727

2.727×30.416＝82.94

82.94－182.5＝－99.56

此數毛算 100 日，足補 10 年陰曆。10 年陰曆折合 120 個陰曆月。此得數喻 M228 須損算 10 年。今問損何曆數，使之減 10 年。

顧 M228 係第一期遺跡，位於探方第 4 層下。在此探方第 5 層下，有 M227，早於 M228。此墓穴起出三器：圜底盆 1 件、三足缽 1 件、A 型瓦線陀 1 枚，骨殖頭向 290°。顧 M227 穴邊長程 1.3、寬程 0.6、深程 0.2 米。

其深度當年數不便其地層以上遺跡曆算覆形援引，即不堪爲減算旨的。而且須問：M227 曆算如何援引？倘使不澄清此問，必不能見狄宛第一期墓穴另一曆算要義。

欲澄清 M228 穴深程度當日損算旨的，須先解答 M227 曆算援引。此墓在至深地層，其曆算無覆形援引旨的。如此，須察同所援引。此穴深程度當日數僅爲 54.75，對照基準日數 182.5 虧 127.75，折合 12 年 6 個月又 13 日。虧日數堪依前著補日算術補足。若論損算，須答何曆數被損算 12 年 6 個月又 13 日。在此須顧墓主骨殖頭向 290 度，此度數係參數。而且，此穴起出瓦線陀 1 枚，依此知此穴曆算觸及日全食曆準。依《發掘報告》（上冊）圖二八，一期 A 型瓦線陀有中孔，得斷日全食單輪返曆準，即 223 個朔望月。

（4）第 III 段 H5 口徑程度當日曆算

檢附表七，此穴口徑程 2.3、1.36～0.9 米，底徑與穴深不詳。但檢附表七「保存狀況」欄下，見「較完整」三字。依此斷發掘者記錄不全。此穴殘第二期第 III 段遺跡 F8。附表五「疊壓打破關係」欄記「被 F15、K4、H5、M9、M10、Y2 疊壓」。依此述，F8 被 H5 覆殘。F7 底方，壁殘長 6，壁殘寬 5.9 米，起出殘瓦刀。

H5 口長徑程度當日：

2.3÷0.33＝6.96

6.96×3.0416＝21

此數喻末年某節氣日落於某月 21 日。

次長口徑程度當日：

1.36÷0.33＝4.12

4.12×3.0416＝12.5

此數喻末年某節氣日落於某月 13 日。

短口徑程度當日：

0.9÷0.33＝2.72

2.72×3.0416＝8.27

此數喻末年某節氣落於某月 8 日。

發掘者未舉穴深，故無年月度當值。缺此值，H5 覆形援引 F8 細節不堪測算。

（三）壕與小溝曆算暨朔日與立方術算起源

1. 壕曆算

1）壕曆算功能增益

（1）壕局部在第二期功能增益

檢者面對遺址第二期第 I 段外廓溝道，須顧名類。觸及遺址功能認知，遺跡彼時聖賢動止評價。若言此溝道係防禦工事，須先設此域被其他部族覬覦。此地聖賢謀放其侵略而爲防禦工事。但何人敢於斷定狄宛第一期聖賢族人之外，存在其他部族。而且，外族欲侵略狄宛聖賢族系。我以爲不可如此判斷。否則，設擬者不能解答其餘設問。故須自壕溝、圍溝二名擇一而足。我傾向於擇前名，即壕溝。此外，須以塹字爲要，申述此地曾爲聖賢觀天象、爲曆之域。而此等功業基於日全食、月全食辨識。日月俱在高處，去低處。低處係族人日常活動之域。而此處係聖賢動止，宣教之所。塹即天塹，足述日月星辰與曆算不爲族人掌握〔註12〕。

前著既言，聖賢依 H279 外廓形十而爲狄宛日全食曆志之域。在第二期第 I 段後，壕包藏其它遺跡與遺物。此包藏即功能增益。倘使照顧其尺度，須見其曆算。依其尺度或（與）納物檢討其曆算細節，係此處要題。

依《發掘報告》（上冊）第四章，第二期溝道別二等：溝渠、水渠。依《說文解字》水所居謂之渠。而河川係水行之所，又不曰渠。故渠係工程之果。前著已述，H279 平面圖樣係第二期第 I 段初建之放大樣，揭前著第 215 頁～第 229 頁。今以溝道喻圍溝，以小溝喻圍溝內形土曾得條狀地槽。二等形土遺跡處所不同，尺度參差，故別二題檢討。圍溝局部喻既探掘、清理諸截圍溝。《發掘報告》未述圍溝諸截不被照顧。

（2）舊類不堪採

依《發掘報告》（上冊），發掘者以「溝渠」名狄宛第二期條狀地槽。此名下續別「外圍壕溝」、「水渠」。前考 G300 時已述，發掘者「水渠」名出自揣測，而非考究與測算。於農耕有無待考之地而命地槽曰水渠，難以服人。

此外，G1、G100 兩截溝道底寬、溝深與口寬限定與相近同樣未被照顧。G301 堆積土無起出物未曾引發考古界照顧。而 G301 槽口寬程、深程、底寬

〔註12〕《九章算術・商功》下有「城、垣、堤、溝、塹、渠。」城述長牆，垣述堵牆，堤述水岸砌築，溝述納水地槽，塹述鴻溝，渠能行水。

程相等也未引發考古界照顧。諸多樣貌俱堪檢討，係重大言端。但考古界曾疏忽諸細節。今並考諸細節，以顯聖賢匠心。

2）G1 日全食輪返曆算

（1）G1 曆算

G1 位於西部，探方 4 第 4 層下，溝底起出第二期瓦片，溝上、中層起出四期瓦片。長條狀，口寬程 7.5～7.8、底寬程 3.5、深程 3.5 米，清理 30 米。其上無遺跡覆（《發掘報告》上冊，第 123 頁）。欲求此截溝道曆算，須剔出此截溝道長度。溝道深猶地穴深，溝道寬猶如地穴寬。依《發掘報告》圖九四，今採 7.5 米爲口寬程。至寬處涯邊壅土顯高出當時地平，不堪視爲口寬。

壕口寬程度當日：

7.5÷0.33＝22.72

22.72×3.0416＝69.1

此數含程超日數，不堪視爲某節氣日。程超日數總計：

69.1－29.530589＝39.56

此日數喻基準月日數之外日數。行四捨五入術，此日數即 40 日。倘使依陰曆月推算，此日數堪以二術計算：其一，置閏月，但餘十日。這 10 日無以繫。其二，寄託陰曆歲補 10 日於程超日數，40 日足補陰曆 4 年。顧程超日數即陰曆月日數外溢算，故仍堪關聯陰曆月。而日全食輪返預算基於陰曆月預算。此曆術照顧陰曆月數。故算陰曆四年折合 48 個陰曆月。此數連於何數，又喻聖賢何意，今不得知。澄清其餘度當值後再檢。

壕底寬程度當日：

3.5÷0.33＝10.6

10.6×3.0416＝32.24

程超日數：

32.24－29.530589＝2.7

毛算 3 日。此數喻何，暫不知。但若對照此塹底寬與塹深，俱見 10.6 尺，折合 1 丈又 6 寸。倘若將向下挖掘而得底面爲過往日照面（揭前著第 148 頁後），穴口平面須喻末年日照面。如此，1 丈又 6 寸度當日數納程超日數須觸陰曆節氣變動。換言之，2.7 日即過往與今時節氣日數變動之閾。依此推測，狄宛第二期第 I 段聖賢調曆時設定關聯節氣日閾 3 日，譬如，元年春分日 2 月

13 日，末年春分日 2 月 16 日。依此得知，中國陰曆定節氣日閾之術最早見於狄宛第二期。

壕深程度當日：

3.5÷0.33＝10.6

10.6×3＝31.8

31.8×30.416＝967.228

967.228－182.5＝784.72

依補日術，780 足補 78 年，零頭折算：

4.72×0.83＝3.9176

0.9176×30＝27.5

如何辨識前三數義連，係一大問題。此題迄今未考。

（2）G1 口寬與深度當參驗日全食輪返

壕口寬度當 40 日，此日數依補日術當陰曆 4 年，折算陰曆 48 個月。今問，此數如何得來？曆準何在？

欲答前問，須照塹深度當。查塹深度當淨日數折算陰曆 78 年 3 個月又 28 日，毛算 78 年又 4 個月。

78 陰曆年折合 936 陰曆月，加 4 個月等於 940 陰曆月。而 4 番日全食折合 892 陰曆月。

4×223＝892

前算塹深度當月數減 4 番日全食輪返，餘數即：

940－892＝48

如前述，日全食三番滿輪返，第四番日全食與第一番日全食同日同時復見於同地。今見塹深度當淨日數折算陰曆月數大於 4 番日全食輪返，餘數折算陰曆 4 年。

（3）G100 丗期曆援

G100 位於 T109 第 4 層下，東西走向，被 Y101，H104 疊壓，長條狀，口寬程 7～8、底寬程 3.5、深程 3.6～3.8 米，清理 10 米，無起出物。北邊殘損，殘深程 3.6 米，北壁直而南壁斜，壁、底整齊。起出第二期第 I 段遺物，譬如骨錐、骨針、石斧、石刀、瓦線陀。此壕既藏第二期第 I 段遺物，其挖掘時段須早於第二期第 I 段，否則須推斷聖賢先藏諸物，後挖掘此截壕。依《發

掘報告》（下冊）附表一三，H104 係第三期第 III 段遺跡，口徑程 2.85、深程 0.5～0.9 米。此穴殘 G100，此處不細考究。

依《發掘報告》（上冊）圖九四，塹口壅土頂端與塹口平面高度差即穴口寬被擴大部。謹慎查看即知，不可取 8 米寬爲塹口寬，故採 7 米爲口寬準度：

7÷0.33＝21.21

21.21×3.0416＝64.51

此數遠大於陰曆月長：

64.51－29.530589＝34.979411

依前曆術，此數足補陰曆三年有餘，零頭毛算半年。其月數：

3.5×12＝42

底寬程度當日：

3.5÷0.33＝10.6

10.6×3.0416＝32.24

此數同 G1 底寬度當，程超日數 2.7 日。其曆術義同 G1。

塹深程度當日：

3.8÷0.33＝11.51

11.51×3＝34.53

34.53×30.416＝1050.26

1050.26－182.5＝867.76

此數足補陰曆 86 年有餘：

7.76×0.83＝6.44

0.44×30＝13.2

前數即陰曆 86 年 6 個月又 13 日。此數折合陰曆月數：

（86×12）＋6＝1038

此數含日全食月率：

1038－（223×4）＝146

前算月數係整月數，零頭日數係月日舊次換算月日新次參數。月日舊次始於滿月（今 16 日），算迄第 13 日得晦日。次日日全食輪返。換言之，第 13 日爲臨界日。

此遺跡曆術被第三期第 III 段援引，H104 穴口徑度當 26.2 日即末年春分日，穴至深程 0.9 米與程 0.5 米喻溢算與損算。度當 66.35 係溢算，此數依陰

曆歲補率足補 6 年 5 個月又 8 日。穴深程 0.5 米度當－44.24，此損算折算陰曆 4 年 3 個半月。

H104 溢算曆術準乎 G100 塹深度當陰曆月數 146。其關聯堪如後檢得：

（6×12）＋5＝77

146＋77＝223

223 陰曆月即日全食輪返時段。零頭 2 日差即臨界日全食輪返於春分前 2 日。此 2 日係秋分日調理基準。依此得知，溢算基準係第二期第 I 段 G100 曆術。

依前訓，H104 穴深度當負數喻損算，須損者，自 146 月減 51 個月，餘數 95 個陰曆月係狄宛第三期第 III 段聖賢謀算曆數。由此得知，第二期、第三期曆術貫通，傳承之跡明顯。

（4）G600 曆算

G600 位於探方 611 第 4 層下，長條狀，被 F608 疊壓。其口寬程 5.5～8、底寬程 2.6～3.3、深程 3.5～3.8 米。起出缽、圜底盆、細頸瓶、小尖底瓶、彩陶片等。F608 係第二期第 III 段遺跡，處於探方 611 第 3 層，壁殘長程 4.4、殘寬程 2.5 米。內有圓竈穴。

口寬依前例減 1 米，取 7 米爲最大口寬，其度當如 G100 塹口寬度當 3 年半，即 42 個陰曆月。最窄處度當 50.69333 日，此數大於月長均日數 29.530589，減月長均數餘 21.16，此數不觸節氣日，須依陰曆歲補日率折算 2 年又 1 個月，即 25 個月。此閾值即小於等於 42 個月，大於等於 25 個月。其變閾係 17 個月，即 1 年又 5 個月。前賢何故設此變閾，今不知曉。

底至寬程度當陽曆月均長。底寬程 2.6 米度當 24 日。依朔日序月，第 24 日天明見月在中天偏東。此日迄月末月，天明見月以迄晦日晨不睹月。此間天象特點在於晨見日月在天。

塹深程度當日：

3.5÷0.33＝10.6

10.6×3＝31.8

31.8×30.416＝967.22

967.22－182.5＝784.72

依陰曆歲補日率推算，此數足補 78 年有餘，此數同 G1 塹深度當，依前算，此數折合 4 番日全食後餘 48 個陰曆月。

塹至深程度當日：

3.8÷0.33＝11.51

11.51×3＝34.53

34.53×30.416＝1050.26

1050.26－182.5＝867.76

此數同前考 G100 塹深度當曆數。此數折合 4 番日全食輪返有餘，餘數折合 146 陰曆月又 13 日。

G100 與 G600 諸度術算演示，狄宛第二期第 I 段，乃至一期末聖賢掘半環狀壕初衷在乎曆術嘗試，而非防禦。此曆術包藏如下創設：其一，月長日次變遷。其二，月長日次變遷基準即 13 日。此日數即日全食輪返前 1 日。次日日全食輪返。

2. G301 曆志暨「隋」爲「垂象」及立方算術起源

1）G301 曆志與日全食輪返

（1）G301 爲關聯節氣曆準

依《發掘報告》（下冊）附表九，G301 位於 T318 西北第 4 層下，破損 F327，被 H345、H3110 打破，長條狀，口寬程 0.64、底寬程 0.64、深程 0.64，清理 6 米。依《發掘報告》（上冊）圖五六，第二期第 I 段 F327 位於 G301 西邊，H345 位於 G301 東邊。如此，F327 曆術被 G301 援引，H345 又援引 G301，第二期第 II 段 H3110 亦援引 G301。

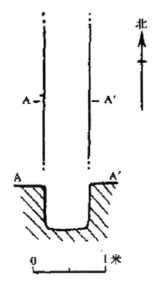

圖一〇：G301 地槽放寫隋宿

依 G301 平、剖面圖，知此截地槽經向挖掘，壁直、底平。已清理 6 米，但無起出物。此狀況類似狄宛第一期地穴 H279。以其義自足，不須外物顯揚，故不埋藏外物。如此，G301 有某基準義。解析此義前，先嘗試曆算。

G301 參數取整數，即其口寬程、底寬程、深程俱爲 0.66 米。此斷有故：此地槽工整。既工整，其度須爲準度。狄宛一尺折合 0.33 米，二尺即 0.66 米。

地槽曆算依方穴算術，唯捨其總長。地槽口寬程度當日：

0.66÷0.33＝2

2×3.0416＝6.0832

此數喻末年春分日 2 月 6 日。

地槽底寬度當日同地槽口寬度當日，喻元年秋分日 2 月 6 日。

地槽深程度當日：

0.66÷0.33＝2

2×3＝6

30.416×6＝182.49

此日數係關聯節氣基準日數。

（2）G301 長程推斷暨狄宛陽曆歲長 365 日曆準

依此遺跡寬、深準度推斷，此遺跡長亦須爲準度。依已清理部長達 6 米推算，並顧其深程、寬程俱 0.66 米，今依準度推算此地槽長 6.6 米。

此長程度當日：

6.6÷0.33＝20

此數即狄宛兩丈。依度當日參數折算：

3.0416×20＝60.832

此數即兩月日數。滿歲日數須倍六：

60.832×6＝364.992

此數足證狄宛第一期聖賢曆術用以迄第二期第 I 段。此曆術之義在於，狄宛第二期第 I 段聖賢準乎兩丈倍六爲陽曆歲長。

（3）G301 曆志參與兩番日全食輪返曆日虧補

G301 殘 F327，F327 覆第一期 H3116。如此，G301 係狄宛第一期曆術向第二期曆術變遷之證。F327 底面樣貌不清，壁長、寬俱殘，門向不清。內有圓口竈穴，柱洞數不清。起出陶丸 1 枚，喻日經天。而 H3116 起出物含瓦線陀 2 枚，喻兩番日全食輪返。儘管 F327 底面樣貌不清，壁長、寬俱殘，但堪

依 H3116 起出物推斷，F327 曆算須觸及日全食曆準。依前考，H3110 曆志係陽曆關聯節氣曆準。

H345 曆志合陰曆 34 年，外加 1 個月又 24 日。此數爲溢算曆術。此時段含一番日全食輪返，餘 186 陰曆月，去第二番日全食輪返 36 陰曆月又 5 日，換算 3 年又 5 日。檢一期 H3116 既納 2 枚瓦線陀，此二物喻曆志須敷兩番日全食輪返。第二期第 I 段 H345 循此曆算之路，但虧欠 3 年又 5 日。今問，聖賢如何補足 3 年又 5 日？

檢前術算，見 3 年陰曆虧補出自 G301 曆志與 H3110。前算 G301 槽長度當陽曆一年年長，而 H3110 深度當陽曆半年長，二數相加得一年半陽曆年。前著已檢得，地穴曆術之關聯節氣基準算術半年爲一年節氣虧欠補日算術基準，此間存在 2 倍術算。既如此，陽曆一年半須折算 3 年。依日數，陽曆 3 年須納陰曆 3 年，而 3 年日差爲 30 日。倘使檢討陰曆歲節氣差而補日，須深究此題。倘顧歲數，而且精算日全食輪返，不須照顧陽曆，由於交點年與陰曆年係日全食輪返觀測基準。今既得 3 年陰曆，餘 5 日術算須檢索。

依前考，觸及 H345 曆志諸遺跡曆算除第二期第 I 段 F327 曆志迄今未算。度當術算此遺跡曆志須顧其程超日數。前檢此遺跡底貌不清，門向不清。但發掘者仍測得壁殘長程、殘寬程。此二數堪爲尺寸度當術參數。

F327 底殘寬程度當日：

1.8÷0.33＝5.45

5.45×3.0416＝16.57

此數喻某年春分日 2 月 17 日。

底殘長程度當日：

3.8÷0.33＝11.51

11.51×3.0416＝35.008816

此日數即程超日數，關聯節氣日失算。此數大於月長：

35.008816－29.530589＝5.4

程超 5 日係此處檢索之數。

諸遺跡曆術堪別大數與積算。大數者，狄宛一期 H3116 二枚瓦線陀喻日全食輪返 2 番也。積算者，F327、H345、G301、H3110 也。積算始於覆形援引 5 日程超，再援引兩番日全食零頭年、月，後以基準度當加 3 年，如此得 3 年又 5 日。此算告喻，聖賢依合朔預算日全食輪返，而非陽曆。

2）G301 準度廣縱深術算暨隋星源考

（1）準度廣縱術源略考

術算之廣縱術出自《九章算術》，但面積出自劉徽注。《方田》：「廣從步數相乘得積步。」劉徽注：「此積謂田冪，凡廣從面積相乘謂之積。」〔註 13〕廣者，寬也。縱者，長也。積謂積步。較之面積，廣縱術係本名，面積出自廣縱術適用。廣縱術即廣縱相乘積算。

系統查看劉徽「問：爲田幾何」，「爲」、「何」術算義須早於「廣縱」術。「爲」係思緒運動。目不能睹思，但思以爪顯現。爪者，動指節也。曆算者無算籌時以指節術算。故許慎訓含此義，但又假途母猴以喻動指節：「爲，母猴也。其爲禽好爪。」《唐韻》讀「薳支切」。田術屬眾「爲」之一。若照顧此等思緒關聯某物多寡，其名須涉「何」。「何」本於賀。而賀係「河」圖之源。狄宛第一期標本 H398：72 係「賀」術算義之源。第一期聖賢放蚌殼標本 H3115：12 與 H398：63 造 H398：72。此物術算義增益，在狄宛第三期化爲「賀」圖。後將闕題檢討「賀圖」。

廣縱術涉算術起於何時，此前不知。若依狄宛第一期地穴曆算推斷，此術須起於狄宛第一期初或舊石器末。兩數相乘之術已被第一期瓦片直合紋術算佐證。狄宛第二期第 I 段聖賢自此術採取準度爲算。

準度即 G301 堪準乎 2 尺爲度，其術爲廣縱相乘，後得準度面積：

$2 \times 20 = 40$

此地槽平面積 40 尺，折算 4 平方丈。4 平方丈可折算 2 丈乘 2 丈。此係乘方。

（2）G301 長方體體積與陽曆月長換算

顧 G301 如橫置方木，橫截即見截面積。其邊長俱爲準度 2 尺，故其截面積等於 4 尺。其長爲 20 尺。依此數算得 G301 體積等於 80 立方尺。依尺丈 10 進位論，此數喻地槽 G301 體積 8 立方丈。

換算：

80 立方尺＝8 立方尺×10

8 立方尺＝（2×2×2）立方尺

<hr>

〔註 13〕《續修四庫全書》第 1041 冊錄《九章算術》「方田」術劉徽注無「田冪」（第 261 頁上欄），今依郭書春《匯校九章算術》（2004 年版）第 9 頁補。

顧此換算納 20 尺，此長堪依度當測算陽曆歲長六分之一。今半之，故得陽曆歲長十二分之一，得日數係陽曆月長。此算告喻，狄宛二期 I 段聖賢能爲陽曆月長。陽曆歲長涉及星宿觀測，如前著觀象臺檢討揭示。

（3）G301 隋源考

遺跡 G301 於中國天象觀測史有佐證之功。考 G301 須名隋，爲星宿名。《史記·天官書》：「廷藩西有隋五星，曰少微、士大夫。」《史記集解》：「隋，音他果反。」《史記索隱》引宋均云：「南北爲隋。」又云：「他果反，隋爲垂下」（《史記》，第 1301 頁。）

《詩·豳風·破斧》：「既破我斧，又缺我斨。」毛傳：「隋孔曰斧。」《釋文》：「隋，徒禾反，又湯果反。形狹而長也」（《毛詩音義》中，卷 6，第 8 頁。）王先謙引《說文》曰：「斨，方銎斧也〔註 14〕。」

檢 G301 模樣出自聖賢形土摹寫星宿。此斷出自二事：其一，依《史記索隱》，隋喻垂下。星象垂下即聖賢依星宿謀算節氣值。至直爲垂直，故取經向以喻。狄宛第一期以降，聖賢形土能造穴壁垂直。此義被承襲，後世聖賢形土而爲 G301 經向延伸。此遺跡與斗柄南北指平行，於時爲冬至或夏至。彼時，欲述遠處星宿，又須借用地面。故穿地爲狹長地槽。依此，知經向地槽喻垂下之義。第二，地槽樣貌狹長。此狀稱隋。如此堪斷，狄宛第二期第 I 段聖賢形土所爲 G301 其實係隋。依此推知，第二期第 I 段聖賢知少微、士大夫諸宿。此遺跡能佐證中國文明史宗種起源局部。此宗種即燧人氏一脈。後將深檢此題。

此外，G301 被瓦片刻畫記載。《發掘報告》（上冊）表一二第一刻畫見於標本 G300：P47、H3101：P1、F245：95 等。此刻畫狀似「丨」，此刻畫係隋，喻南北向。

〔註 14〕王先謙撰，吳格點校：《詩三家義集疏》，中華書局，1987 年，第 538 頁。